सामाजिक मीडिया विपणन

छोटे व्यवसायों के लिए

नए ग्राहक कैसे प्राप्त करें,

अधिक पैसा कमाएँ, और

भीड़ से बाहर खड़े हो जाओ

सामाजिक मीडिया विपणन

छोटे व्यवसायों के लिए

नए ग्राहकों को कैसे प्राप्त करें, अधिक पैसा कमाएं, और भीड़ से बाहर खड़े हों

जॉन कानून

ऑड प्रकाशन

so•cial

....
só's'səl

एक. मानव समाज और उसके संगठन के तरीकों से संबंधित या संबंधित।

मैं

....
"मैं हूँ। ə

एक. सूचना का एक संगठित स्रोत।

सामग्री

ईमेल विपणन

ब्लॉगिंग

INSTAGRAM पर बढ़ रहा है

TIKTOK पर बढ़ रहा है

फेसबुक पर बढ़ रहा है

YOUTUBE पर बढ़ रहा है

ट्विटर पर बढ़ रहा है

LINKEDIN पर बढ़ रहा है

PINTEREST पर बढ़ रहा है

सामाजिक सामग्री बनाना

ग्राफिक्स

फोटो

वीडियो

स्वचालन और स्थिरता

विज्ञापन

GOOGLE विज्ञापन

YOUTUBE विज्ञापन

फेसबुक विज्ञापन

INSTAGRAM विज्ञापन

सामाजिक मीडिया विपणन

छोटे व्यवसायों के लिए

नए ग्राहक कैसे प्राप्त करें,

अधिक पैसा कमाएँ, और

भीड़ से बाहर खड़े हो जाओ

1

सामाजिक क्यों बनें?

Sसामाजिक मीडिया वैश्विक परिदृश्य पर कनेक्शन और सहयोग के अब-प्रमुख माध्यम के रूप में उभरा है। बड़े पैमाने पर लोगों और समाज के लिए, इस परिवर्तन के निहितार्थ बड़े पैमाने पर हैं। व्यवसायों के लिए, वे और भी अधिक गहन हैं। आधुनिक वैश्वीकृत और डिजिटलीकृत पारिस्थितिकी तंत्र में वाणिज्य एक टूलसेट पर निर्भर करता है जिसमें रणनीतियों और अवसर शामिल हैं जो केवल दशकों पहले उपलब्ध नहीं थे। जबकि नई चुनौतियां उभरी हैं, छोटे व्यवसायों के भीतर बाधित अव्यक्त क्षमता के पास एक प्रतिस्पर्धी परिदृश्य पर विस्फोट करने का पहले से कहीं अधिक अवसर है जो अब भूगोल तक सीमित नहीं है।

इस पुस्तक को लिखने का विचार पहली बार दिमाग में आया जब एक दोस्त ने मुझे उन किताबों को दिखाया जो वह सोशल मीडिया पर अपने छोटे व्यवसाय का विपणन करने के लिए पढ़ रही थी। मैं पूर्ण और अद्यतित जानकारी की कमी से चकित था; ये किताबें उन ऐप्स का प्रचार कर रही थीं जो वर्षों पहले अप्रासंगिक हो गए थे, विज्ञापन रणनीतियाँ जो फेसबुक विज्ञापनों पर बंद हो गईं, और सोशल मीडिया सलाह जो "खुद बनें" के लिए उबल गईं।

उस अनुभव के बाद, मैंने एक पुस्तक लिखने का फैसला किया जो छोटे व्यवसाय के मालिकों को उन अनुभवों के माध्यम से अपने व्यवसायों को बढ़ाने में मदद करता है जो मुझे एक चौथाई अरब दृश्यों और लाखों अनुयायियों में फैले सामाजिक प्रभाव के लिए दर्जनों छोटे व्यवसायों के निर्माण में हुए हैं, जो सीधे कई और ग्राहकों और बिक्री में लाखों में अनुवादित होते हैं।

अपनी व्यावसायिक रणनीति में डिजिटल और सोशल मीडिया मार्केटिंग को शामिल करना इतना महत्वपूर्ण क्यों है? यह एक उचित सवाल है - जिसे अक्सर उन लोगों द्वारा अनदेखा किया जाता है जो व्यवसाय के लिए सोशल मीडिया और डिजिटल परिदृश्य की कुछ आदर्श कल्पना का प्रचार करते हैं - और एक जो वैश्विक कारोबारी माहौल में मौलिक बदलावों पर आता है।

हमारा विश्लेषण इस समझ से शुरू होना चाहिए कि डिजिटलीकरण 21 वीं सदी के व्यापार की दुनिया की परिभाषित विशेषता रही है। इंटरनेट ने भौगोलिक बाधाओं को दूर किया है, ज्ञान की बड़े पैमाने पर उपलब्धता की है, और डिजिटल डिवाइस और कनेक्शन वाले किसी भी व्यक्ति को अभूतपूर्व अवसर प्रदान किया है। जैसा कि दुनिया का अधिक हिस्सा ऑनलाइन चलता है, डिजिटलीकरण या तो आपके व्यवसाय में एक प्रमुख निर्धारक होना चाहिए - कुछ हद तक भौतिकता मानते हुए - या, विशुद्ध रूप से डिजिटल व्यवसायों के साथ, प्रमुख निर्धारक।

हालांकि, डिजिटलीकरण ने अवसर के लिए दरवाजा खोल दिया है, इसने बहुत अधिक प्रतिस्पर्धी वातावरण भी बनाया है। भौगोलिक निकटता के अनुसार प्रतिस्पर्धा अपेक्षाकृत सीमित होने के विपरीत (हालांकि यह आपके भौतिक व्यवसाय के लिए हो सकता है, डिजिटल रूप से काम करते समय समान नियम लागू नहीं होते हैं), ऐसी सीमाओं को काफी हद तक मिटा दिया गया है। कैलिफ़ोर्निया में अनुकूलित तकिए बेचने वाला एक छोटा व्यवसाय न्यूयॉर्क और कनाडा में ऑनलाइन तकिया विक्रेताओं के खिलाफ प्रतिस्पर्धा

करता है, जबकि जापान से बाहर स्थित एक सॉफ्टवेयर व्यवसाय केप टाउन और लंदन स्टार्टअप के साथ प्रतिस्पर्धा करता है। इस तरह के माहौल में काम करने वाले व्यवसाय के रूप में, आपको न केवल डिजिटल दुनिया के परिदृश्य को समझना चाहिए, बल्कि इसमें कामयाब होना सीखना चाहिए।

बड़े पैमाने पर डिजिटलीकरण के परिणामस्वरूप, वैश्वीकरण ने दुनिया की अर्थव्यवस्थाओं को एक अभूतपूर्व सीमा तक आपस में जोड़ा है।

हम सभी सचमुच इसमें एक साथ हैं, और वैश्वीकरण सभी डिजिटल रणनीतियों में खेलता है। डिजिटलीकरण और वैश्वीकरण के संयोजन ने न केवल अधिक और भयंकर प्रतिस्पर्धा का सामना किया है, बल्कि बाजारों की एक विस्तृत श्रृंखला को भी जोड़ा है और आला बाजारों की सेवा करने की संभावना पेश की है जो अब सामूहिक रूप से बड़े पैमाने पर व्यवसाय को बनाए रखने के लिए पर्याप्त मांग प्रदान करते हैं। ये दो रुझान श्रम और व्यवसाय में आउटसोर्सिंग की बढ़ी हुई भूमिका निभाते हैं। आउटसोर्सिंग ओवरहेड को कम करती है और डिजिटल युग के विशेषज्ञ *लीवरेजर्स* के मूल्य को बढ़ाती है, जो पुराने नियमों से खेलते हैं।

कई व्यवसाय, विशेष रूप से ऑनलाइन-केवल व्यवसाय, गैर-देशी देशों में विस्तार करके पर्याप्त पुरस्कार प्राप्त कर सकते हैं। ऐसा ही एक उदाहरण यह पुस्तक है, और मेरी एजेंसी द्वारा प्रबंधित अन्य - हमारी बिक्री का लगभग 60% अमेरिका के बाहर से आता है, भले ही हमारे द्वारा बेची जाने वाली अधिकांश किताबें अंग्रेजी में खरीदी जाती हैं।

ये सिर्फ कुछ कारण हैं कि डिजिटल और सामाजिक विपणन दृश्य पर क्यों फूट गया है, और क्यों अनगिनत व्यवसाय इन क्षेत्रों में मौजूद अवसरों की ओर बढ़ रहे हैं।

मैं मैं एक जटिल और तेजी से बदलते प्रतिस्पर्धी वातावरण की वास्तविकताओं को भुनाने का प्रयास नहीं कर रहा हूं। डिजिटल और सोशल मीडिया मार्केटिंग हर व्यवसाय के लिए जीवन बदलने वाला नहीं होगा। बल्कि,

हर व्यवसाय डिजिटल स्पेस में मौजूद विभिन्न प्रकार के कम-लटकने वाले अवसरों से लाभ उठा सकता है, जबकि एक अच्छे हिस्से के लिए, इस पुस्तक में प्रस्तुत रणनीतियां वास्तव में गेम चेंजर होंगी।

अब हम सामाजिक होने के महत्व को समझते हैं। जमीनी समझ के हित में, वास्तव में सामाजिक एम क्या है

सामाजिक क्या है- अब?

एक सोशल मीडिया मार्केटिंग के बारे में पुस्तक को पहले इस सवाल का जवाब देना चाहिए कि वास्तव में सोशल मीडिया क्या है- हां, आज के बच्चे हमेशा इस पर लगते हैं, जबकि कुछ इसके नकारात्मक प्रभावों की कसम खाते हैं, लेकिन यह वास्तव में क्या है?

सामाजिक वातावरणUMs को ऑनलाइन समुदायों के रूप में सबसे अच्छा परिभाषित किया जाता है जो उपयोगकर्ताओं को एक दूसरे के साथ बातचीत करने की अनुमति देते हैं। इस तरह, यह काफी विस्तृत क्षेत्र है- हर बार जब आप अपने फोन पर समूह चैट करते हैं, विकिपीडिया के माध्यम से स्क्रॉल करते हैं, या किसी पुराने दोस्त द्वारा साझा की गई पोस्ट देखते हैं, तो बस सोचें। इन सभी मामलों में, लोग इंटरनेट पर एक-दूसरे के साथ बातचीत कर रहे हैं-यह वही है जो सोशल मीडिया का मूल रूप से मतलब है।

सोशल मीडिया मार्केटिंग सिर्फ वीडियो पोस्ट करने या प्रभावशाली लोगों को भुगतान करने के बारे में नहीं है। यह तरीकों का लाभ उठाने के बारे में है जिसमें लोग आपके उत्पादों और सेवाओं को अधिक हाथों में लेने के लिए ऑनलाइन बातचीत करते हैं। यह इस सवाल से जुड़ा हुआ है कि क्या सामाजिक

होना भी सार्थक है- वास्तव में, सोशल मीडिया उस प्रकार की बातचीत है जिस पर आधुनिक दुनिया आधारित है।

आज, सबसे लोकप्रिय सोशल मीडिया एप्लिकेशन यूजीसी, या उपयोगकर्ता-जनित सामग्री, प्रणाली पर काम करें। यूजीसी का मतलब है कि किसी दिए गए वेबसाइट या ऐप (जैसे फेसबुक या यूट्यूब) का उपयोग करने वाले लोग ऐसी सामग्री बनाते हैं जो अन्य उपयोगकर्ताओं के साथ जुड़ते हैं, और इसी तरह, अंतहीन चक्रीय तरीके से। यूजीसी के कारण, सभी सबसे लोकप्रिय सोशल नेटवर्किंग साइटें मुफ्त हैं और पैसा बनाने के लिए विज्ञापन बेचने पर भरोसा करती हैं। इस तरह, सोशल नेटवर्किंग वेबसाइटें केवल उन व्यवसायों के कारण मौजूद हैं जो उनके साथ विज्ञापन करना चुनते हैं। तथ्य यह है कि व्यवसाय सामाजिक अनुप्रयोगों पर विज्ञापन देना जारी रखते हैं, इसका मतलब है कि विज्ञापन एक व्यवहार्य व्यावसायिक रणनीति बनी हुई है, जबकि सामग्री निर्माण और प्रभावशाली विपणन उद्योगों में विस्फोट एक व्यावसायिक रणनीति के रूप में सामग्री की व्यवहार्यता की बात करते हैं।

जैसा कि कहा गया है, इस पुस्तक का उद्देश्य छोटे व्यवसायों के लिए डिजिटल और सोशल मीडिया मार्केटिंग के लिए एक व्यापक मार्गदर्शिका प्रदान करना है। यह पहली बार 2022 के अंत में प्रकाशित किया जा रहा है और तेजी से बदलते क्षेत्रों और अवसरों को प्रतिबिंबित करने के लिए प्रत्येक वर्ष अपडेट होगा। यह वास्तविक छोटे व्यवसाय के मालिकों द्वारा दी गई प्रतिक्रिया के लिए खुद को ढाल लेगा। इस पुस्तक में मौजूद तरीकों और

रणनीतियों का उपयोग करके भविष्य के उद्यमियों और आपके व्यवसाय की प्रगति के लिए ऐसी प्रतिक्रिया और सलाह प्रदान करने के लिए, कृपया हमें team@smmfsb.com करने के लिए क्या काम किया और क्या नहीं किया, या प्रश्नों के साथ एक ईमेल शूट करें।

आगे देखना हमने पाठ को दो उच्च-स्तरीय भागों में विभाजित किया है। यह पहले चार अध्यायों में एक वैचारिक रणनीतिक ढांचा तैयार करता है। यह तब सोशल मीडिया मार्केटिंग, सामाजिक विज्ञापन, सामग्री निर्माण और संबंधित विषयों के विस्तृत अन्वेषण के साथ जारी है जो डिजिटल मार्केटिंग के भव्य क्षेत्र के भीतर शामिल हैं।

यह पुस्तक विशेष रूप से छोटे व्यवसाय के मालिकों और उद्यमियों को ध्यान में रखते हुए लिखी गई है। छोटे व्यवसाय और उनके मालिक सभी आर्थिक गतिविधियों की रीढ़ बनते हैं और उन्हें नहीं करना चाहिए ज्ञान की कमी के कारण खुद को प्रतिस्पर्धी रूप से सीमित पाते हैं। यह इस पाठ के पीछे ड्राइविंग उद्देश्य है। मैं प्रार्थना करता हूं कि यह आपके साथ न्याय करे।

रणनीति के साथ शुरू करें

Hआर्ड वर्क केवल आधा समीकरण है; स्मार्ट काम दूसरा आधा है। इसी तरह, डिजिटल माध्यमों के माध्यम से अपने व्यवसाय को बढ़ाना यह जानने के बारे में है कि क्या करना है और इसे कैसे करना है। यहां तक कि सबसे अच्छी तरह से निष्पादित डिजिटल रणनीतियां विफल हो जाती हैं यदि उप-इष्टतम प्लेटफार्मों पर लागू की जाती हैं या इससे भी बदतर, अगर गलत उद्देश्यों को हिट करने के लिए डिज़ाइन किया जाता है।

इन कारणों से रखा जाता है इतना जोर इस पुस्तक में रणनीति पर। हम निष्पादन, और सभी ऑन-द-ग्राउंड टिप्स और ट्रिक्स प्राप्त करेंगे- लेकिन मुझे उस उच्च-स्तरीय सोच में विश्वास करें जहां कोई भी सफल व्यवसाय, किसी भी क्षेत्र या क्षेत्र में काम करना शुरू होता है।

तीन स्तर अपने व्यवसाय की रणनीति प्रोफ़ाइल बनाएं: ब्रांड रणनीति, डिजिटल रणनीति और सामाजिक रणनीति। जबकि इस पुस्तक का अतिव्यापी फोकस बाद के दो पर है, हम यह सुनिश्चित करने के लिए सभी तीन स्तरों पर चलेंगे कि आपका व्यवसाय मजबूत जमीनी काम के साथ शुरू होता है।

ब्रांड रणनीति

ब्रांड रणनीति पहचान के बारे में है। यह उन सवालों की पड़ताल करता है कि आपका व्यवसाय क्या है, यह क्यों मौजूद है, और यह क्या हासिल करने की कोशिश कर रहा है। अपनी ब्रांड रणनीति को कम करना सुनिश्चित करता है कि आप शक्तिशाली रूप से संवाद कर सकें

आपका ब्रांड, जो आपको अपने लक्षित ग्राहकों तक पहुंचने और अपने व्यवसाय को बढ़ाने में मदद करेगा।

सबसे पहले, एक ब्रांड क्या है? हम आपके ब्रांड को उस तरह से देखते हैं जिस तरह से लोग (आप सहित) आपके व्यवसाय को देखते हैं। ब्रांड रणनीति संदेश भेजने के बारे में है जो संभावित ग्राहकों को आपके व्यवसाय के अनुकूल दृष्टिकोण से प्रभावित करती है: उस संदेश को साझा करने से पहले, हालांकि, आपको यह सुनिश्चित करने की आवश्यकता है कि यह दोनों आपके व्यवसाय का सटीक प्रतिनिधित्व करता है और विपणन परिप्रेक्ष्य से समझ में आता है।

अपनी ब्रांड रणनीति बनाने के लिए, अपने आप से पूछें निम्नलिखित प्रश्न। यह अनुशंसा की जाती है कि आप अपने विचारों को एक पत्रिका या अन्यथा विस्तृत स्थान में स्पष्ट करें:

एक. आपका व्यवसाय किसके लिए है? यह किस समस्या को हल करता है, या जरूरत है और चाहता है कि यह पूरा हो?

दो. ग्राहकों को प्रतिस्पर्धियों के खिलाफ आपके पास क्यों आना चाहिए? क्या आप सस्ता, उच्च गुणवत्ता वाले, या पर्यावरण के लिए बेहतर हैं? आपका मिशन क्या है, और आपके मूल्य क्या हैं?

तीन. आप अपने व्यवसाय को कैसा महसूस करना चाहते हैं? आपको यह एक अजीब अभ्यास लग सकता है, लेकिन इसे आज़माएं- व्यवसाय के व्यक्तित्व, स्वर और वाइब की कल्पना करें जैसे कि यह एक व्यक्ति था।

ये प्रश्न ब्रांड रणनीति के वैचारिक भाग को पूरा करते हैं, जिसे आपके ब्रांड सार के रूप में माना जा सकता है- सीधे शब्दों में कहें, यह वही है जो आपके व्यवसाय को बनाता है। निम्न चरणों में इन विचारों में कुछ सार जोड़ें:

एक. कुछ वाक्यों में अपने व्यवसाय के लिए एक लिफ्ट पिच बनाएं।

दो. कुछ मजबूत टैगलाइन चुनें जो आपके व्यवसाय के उद्देश्य को संप्रेषित करती हैं।

तीन. यदि आपने पहले से ही नहीं किया है, तो सुनिश्चित करें कि आपने रंग योजना, लोगो और टाइपोग्राफी के बारे में सोचा है जो आपके व्यवसाय का सबसे अच्छा प्रतिनिधित्व करता है।

इन चरणों को लेने में, आपके पास एक बहुत स्पष्ट विचार होना चाहिए, या कम से कम एक जो शारीरिक रूप से लिखा गया है, कि आपका व्यवसाय क्या है और आप इसे दुनिया में कैसे संवाद कर सकते हैं।

इस चरण के पूरा होने के साथ, हम आगे बढ़ सकते हैं डिजिटल रणनीति और सामाजिक रणनीति पर।

डिजिटल रणनीति

डिजिटल रणनीति निरपेक्षता की एक कला है: आपके ब्रांड संदेश और पहचान को स्पष्ट रूप से परिभाषित करने के साथ, आपकी डिजिटल रणनीति का निर्माण वास्तविक डिजिटल तरीकों और सिद्धांतों के बारे में अधिक है जो आप अपने व्यवसाय को बढ़ाने के लिए उपयोग करेंगे।

डिजिटल रणनीति, सभी उचित रणनीतियों के साथ, लक्ष्यों के साथ शुरू होता है। एक दूसरा भूला हुआ टुकड़ा भी शामिल किया जाना चाहिए, जो वास्तविक प्रमुख प्रदर्शन संकेतकों (केपीआई) पर स्पष्टता हैएस) डिजिटल लक्ष्यों की ओर प्रगति को मापने के लिए उपयोग किया जाता है।

अपनी डिजिटल रणनीति के उद्देश्य की पहचान करने के लिए, अपने व्यवसाय के उच्च-स्तरीय लक्ष्य से शुरू करें। क्या आप सबसे अधिक पैसा कमाने की कोशिश कर रहे हैं? क्या आप विकास में कम रुचि रखते हैं, और

स्थिरता को प्राथमिकता देंगे? या आप सबसे अधिक लोगों तक पहुंचने की कोशिश कर रहे हैं?

इस पर विचार करने के लिए कुछ समय लें (अपने आप से ईमानदार रहें!) और इसे एक वाक्य में लिखें।

वह वाक्य आपकी संपूर्ण डिजिटल रणनीति का आधार बनता है। डिजिटल स्पेस में प्रवेश करने में अधिकांश व्यवसायों की एक बड़ी गलती यह है कि वे इसे अपनी आंखें बंद करके करते हैं - समय के साथ रहने की कुछ धारणा पर लेकिन इस बात का कोई अंदाजा नहीं है कि वे वहां क्यों हैं, ये व्यवसाय अंततः सामंजस्य की कमी के अनुसार उनके लिए उपलब्ध डिजिटल उपकरणों की सीमा का पूरी तरह से फायदा उठाने में विफल रहेंगे।

यह सिर्फ एक उद्देश्य रखने के बारे में नहीं है- एक बार जब आपकी पहचान हो जाती है, तो उस लक्ष्य की ओर अपनी प्रगति को मापने के लिए उपयोग किए जाने वाले प्रमुख सामाजिक मैट्रिक्स को निर्दिष्ट करने के लिए पीछे काम करें। यहां व्यवसायों द्वारा उनकी डिजिटल सफलता को मापने के लिए नियोजित कुछ सबसे आम मैट्रिक्स दिए गए हैं:

विचार: यदि आपका लक्ष्य आपके व्यवसाय पर जितना संभव हो उतनी नज़रें डाल रहा है, तो विचार वही हैं जो यह सब है।

बिक्री कॉल: यदि आपका व्यवसाय कॉल के माध्यम से ग्राहकों को ऑनबोर्ड करता है, तो डिजिटल रूप से उत्पन्न कॉल (या क्लाइंट) की संख्या विचार करने के लिए एक महान मीट्रिक है।

विज्ञापन खर्च पर वापसी (ROAS): यदि आपका व्यवसाय विज्ञापनों का उपयोग करता है, तो ROAS विज्ञापनों की लाभप्रदता निर्धारित करने के लिए प्रमुख मीट्रिक है.[1]

बुक की गई बैठकें: यदि आपका व्यवसाय भौतिक स्थान से संचालित होता है, तो ऑनलाइन बुक की गई बैठकों की संख्या आपकी सफलता का प्रमुख उपाय हो सकती है।

बेची गई इकाइयाँ: यदि आपका व्यवसाय ऑनलाइन उत्पाद बेचता है, तो जितनी अधिक इकाइयां बेची जाती हैं, उतना बेहतर होता है!

उपरोक्त सूची में कोई मीट्रिक शामिल नहीं हो सकता है जो आपके व्यवसाय मॉडल को फिट करता है। यदि ऐसा है, तो अपने लक्ष्य से शुरू करें और अपने आप से सवाल पूछें "मेरे व्यवसाय को अपने लक्ष्यों को हिट करने के लिए और क्या चाहिए?

---

[1] एसीओएस (बिक्री की विज्ञापन लागत) का उपयोग कुछ प्लेटफार्मों पर किया जाता है।

आपका जवाब जो भी हो, यह मीट्रिक होने की संभावना है कि आपकी ब्रांड रणनीति चारों ओर बनाई गई है।

ऑनलाइन संचालित अधिकांश व्यवसायों के पास यह महत्वपूर्ण टुकड़ा नहीं है: वे सफलता को अनुयायियों या विचारों की संख्या से मापते हैं, उन चमकदार संख्याओं के बावजूद जो यह नहीं दर्शाते हैं कि व्यवसाय की डिजिटल रणनीति कितनी सफल है, न ही मैट्रिक्स पर विचार करते हैं जो इसकी दृष्टि और लक्ष्यों में सार्थक रूप से योगदान करते हैं। अपने KPI को लिखने के लिए अब एक पल लें।

अपनी डिजिटल रणनीति के हिस्से के रूप में, अब आप स्पष्ट हैं कि आप क्या हासिल करने की कोशिश कर रहे हैं और आप सफलता को कैसे मापेंगे। अगला कदम यह निर्धारित कर रहा है कि कौन से प्लेटफ़ॉर्म, विधियां और रणनीतियां आपके केपीआई की प्राप्ति में बेहतर योगदान देती हैं।

ध्यान दें कि डिजिटल रणनीतियों के दो सामान्य बकेट मौजूद हैं: पेड मार्केटिंग और ऑर्गेनिक मार्केटिंग। पेड मार्केटिंग में डिजिटल विज्ञापन शामिल हैं (जो कई रूपों में आता है-सोचें)। कार्बनिक विपणन ज्यादातर पहले कदम के रूप में सामाजिक उपस्थिति स्थापना से संबंधित है, इसके बाद सामग्री निर्माण होता है, और ट्रैफ़िक या लीड के लिए सीधे भुगतान किए बिना आपके व्यवसाय में ट्रैफ़िक चलाता है।

अपने व्यवसाय के लिए सबसे अच्छा क्या है, इस पर निर्णय लेने से पहले, ध्यान दें कि महान डिजिटल रणनीतियों में कार्बनिक और भुगतान किए

गए डिजिटल मार्केटिंग दोनों के तत्व शामिल होते हैं, अक्सर एक दूसरे से जुड़े हुए तरीके से (उदाहरण के लिए, कार्बनिक सामग्री को बेहतर प्रदर्शन करने में मदद करने के लिए विज्ञापन)। इसके अलावा, विचार करें कि आमतौर पर प्रत्येक के साथ प्रयोग करना सबसे अच्छा है, जैसा कि आप करेंगे

कभी नहीं जानते कि जब तक आपने कोशिश नहीं की है, तब तक गेम-चेंजर क्या हो सकता था। शुक्र है, अधिकांश विज्ञापन प्लेटफ़ॉर्म कम लागत और कम प्रयास का प्रयोग करते हैं।

जबकि प्रत्येक के तत्वों को शामिल करना इष्टतम है, यहां उन व्यवसायों के प्रोफाइल हैं जो प्रत्येक अतिव्यापी डिजिटल रणनीति द्वारा सबसे अच्छी सेवा प्रदान की जाती हैं:

भुगतान डिजिटल मार्केटिंग: लगभग हर व्यवसाय को किसी न किसी प्रकार के ऑनलाइन विज्ञापन द्वारा सेवा दी जा सकती है।

भौगोलिक रूप से लक्षित विज्ञापन भौतिक स्थान से बाहर काम करने वाले व्यवसायों के लिए सबसे अच्छा काम करते हैं, जैसे कि मॉम-एंड-पॉप शॉप या प्रौद्योगिकी खुदरा विक्रेता।

रुचियों के साथ-साथ प्रायोजन और प्रभावशाली विपणन (जिनमें से सभी हम अन्वेषण करेंगे) के प्रति लक्षित विज्ञापन, उन उत्पादों या सेवाओं की पेशकश करने वाले व्यवसायों के लिए सबसे अच्छा काम करते हैं जिन्हें ऑनलाइन खरीदा जा सकता है, जैसे कि प्रकृति प्रिंट बेचने वाला कलाकार या ऑनलाइन ट्यूटर।

कार्बनिक डिजिटल मार्केटिंग: फिर से, अधिकांश व्यवसाय किसी प्रकार के जैविक डिजिटल मार्केटिंग से लाभ उठा सकते हैं। बुनियादी स्तर पर, सभी व्यवसायों को यह सुनिश्चित करना चाहिए कि उनके बारे में जानकारी ऑनलाइन उपलब्ध है (कुछ हम अगले अनुभाग में पूरी तरह से कवर करेंगे) और एक ईमेल सूची स्थापित करें जो उन्हें समाचार, व्यवसाय अपडेट और लॉन्च और किसी अन्य प्रासंगिक जानकारी के साथ ग्राहकों तक पहुंचने की अनुमति देता है।

जैविक विपणन के दूसरे स्तर पर, कोई भी व्यवसाय जो सामुदायिक जुड़ाव में वृद्धि से लाभान्वित होता है, उसे नियमित रूप से ऐसी सामग्री साझा करनी चाहिए जो उसके समुदाय (ऑनलाइन या ऑफ़लाइन) को आकर्षित करती है और बढ़ती है। हम आगे सामग्री निर्माण के प्रकार और प्रक्रियाओं में शामिल होंगे।

जैविक विपणन के अंतिम स्तर पर, व्यवसाय जो उत्पादों या सेवाओं को ऑनलाइन बेचते हैं नियमित रूप से डिज़ाइन की गई सामग्री बनाना चाहिए दर्शकों को विकसित करने और इसे भुगतान करने वाले ग्राहकों में परिवर्तित करने के लिए। फ़नल-बिल्डिंग की इस पूरी अवधारणा की विस्तार से जांच की जाएगी।

इस सब को ध्यान में रखते हुए, डिजिटल रणनीतियों पर विचार करने और लिखने के लिए एक पल लें जो आपके व्यवसाय की सबसे अच्छी सेवा करेंगे।

अब तक, आपको उस उद्देश्य का स्पष्ट विचार होना चाहिए जिसे आप हिट करने की कोशिश कर रहे हैं, केपीआई जो उद्देश्य को सर्वोत्तम रूप से पूरा करता है, और उस केपीआई को अधिकतम करने के लिए सबसे अच्छी डिजिटल रणनीति। ये कदम आपको अपने व्यवसाय के लिए डिजिटल दृष्टि और रणनीति के मामले में एक अच्छी जगह पर ले जाते हैं।

यहां से पढ़ते समय, अपनी ब्रांड रणनीति और डिजिटल रणनीति दोनों को अपने सिर के पीछे रखें क्योंकि आने वाली सभी जानकारी द्वारा भरी जाने वाली बड़ी तस्वीर वाले ढांचे के रूप में।

सामाजिक रणनीति

सोशल मीडिया रणनीति हमारे डिजिटल रणनीति पिरामिड के अंतिम स्तर को पूरा करती है। इसमें व्यवसाय की सामाजिक उपस्थिति, सामाजिक प्लेटफार्मों की स्थापना शामिल है, जिस पर व्यवसाय को सामग्री पोस्ट करनी चाहिए, और सामग्री रणनीति। आप मैजिक सिस्टम के माध्यम से अपने व्यवसाय के लिए एक सोशल मीडिया रणनीति स्थापित करेंगे: लक्ष्य, दर्शक, माध्यम, सामग्री और कार्यान्वयन।

लक्ष्यों और **दर्शकों** को पहले से ही ब्रांड रणनीति और डिजिटल रणनीति अभ्यास में पेश किया गया है। उन पर निर्माण करने के लिए कुछ समय लें, खासकर जब यह दर्शकों की बात आती है। अपनी लक्षित

जनसांख्यिकीय (जिन लोगों तक आप पहुंचने की कोशिश कर रहे हैं) और उनके हितों की पहचान करके अपनी सोच का विस्तार करें कि आपका व्यवसाय किसकी सेवा करता है। ये प्रोफाइल हैं जिनका उपयोग आप सामाजिक सामग्री डिजाइन करने और भुगतान किए गए विज्ञापन प्लेटफार्मों पर ग्राहकों को लक्षित करने के लिए करेंगे।

इसके अतिरिक्त, सुनिश्चित करें कि आपकी डिजिटल रणनीति KPI सोशल मीडिया संदर्भ में समझ में आती है। उदाहरण के लिए "विचार" पर स्थानांतरण

केपीआई के रूप में आसानी से क्योंकि इसका उपयोग डिजिटल और सामाजिक संदर्भ में किया जाता है, लेकिन "ऑनलाइन बुकिंग" जैसा कुछ "लिंक लिंक" के रूप में अधिक मापनीय है क्योंकि सोशल मीडिया प्रोफाइल में एम्बेडेड लिंक पर क्लिक एक सोशल मीडिया प्लेटफॉर्म पर सीधी कार्रवाई है जो अतिव्यापी केपीआई की ओर जाता है।

इस तरह, उन कदमों पर विचार करें जो आप चाहते हैं कि ग्राहक उठाएं, और उस अंतिम कदम पर विचार करें जो आप ग्राहकों को सोशल मीडिया प्लेटफॉर्म पर लेना चाहते हैं। यह, संक्षेप में, सोशल मीडिया के संदर्भ में आपके व्यवसाय का केपीआई है।

इसके बाद, सामाजिक **माध्यमों**, या प्लेटफार्मों पर विचार करें, जिनके माध्यम से आप अपनी सामाजिक रणनीति KPI को सबसे अच्छा पूरा कर सकते हैं। हम जिन प्लेटफार्मों की खोज कर रहे हैं, उनमें से कुछ को केवल

आपके व्यवसाय को निष्क्रिय या अर्ध-सक्रिय प्रोफ़ाइल के माध्यम से उपस्थिति की आवश्यकता होती है। प्लेटफ़ॉर्म की इस बाल्टी को विशेष रूप से उनके लिए बनाई गई सामग्री की आवश्यकता नहीं होती है जब तक कि आपका व्यवसाय प्लेटफ़ॉर्म के आला पर फिट न हो (Pinterest और डिज़ाइन लें)। पहले चार प्लेटफ़ॉर्म जिन्हें हम देख रहे हैं (वेबसाइट से परे, जो एक पूर्ण आवश्यकता है) सामान्य उद्देश्य हैं और विशेष सामग्री की आवश्यकता है यदि आप उन्हें अपने व्यवसाय के लिए एक मूल्यवान सामाजिक माध्यम के रूप में पहचानते हैं। अगले दो कम महत्वपूर्ण हैं लेकिन अभी भी आगे बढ़ने के लिए महान (और अंततः लाभदायक) हैं। अंतिम दो को प्रोफाइल की आवश्यकता होती है, लेकिन विशेष सामग्री की आवश्यकता नहीं होती है जब तक कि यह आपकी मैजिक योजना में फिट न हो।

मैं इन सभी प्लेटफार्मों पर एक सामाजिक उपस्थिति स्थापित करने के महत्व पर जोर नहीं दे सकता। मैजिक योजना का यह कदम वह जगह है जहां आपको यह तय करना चाहिए कि आप अपने व्यवसाय को सामग्री पोस्ट करने और सक्रिय रूप से विकास को आगे बढ़ाने के लिए प्रतिबद्ध करेंगे।

वेबसाइट: आपकी वेबसाइट आपके व्यवसाय का डिजिटल चेहरा और हब है। यह ग्राहकों को आपके व्यवसाय के बारे में जानने और किसी भी जानकारी को कैप्चर करने का एक आसान तरीका प्रदान करता है जिसकी उन्हें संभवतः आवश्यकता हो सकती है। यह भी एक है

आपके लिए उत्पादों या सेवाओं को ऑनलाइन बेचने, सामग्री पोस्ट करने, एक ईमेल सूची बनाने और दर्शकों को अपने अन्य डिजिटल प्रोफाइल की ओर निर्देशित करने का अवसर। संक्षेप में, सभी व्यवसायों के पास आधुनिक दिन और युग में एक गुणवत्ता वाली वेबसाइट होनी चाहिए।

Instagram: इंस्टाग्राम सबसे एम्बेडेड और बहुआयामी सोशल मीडिया प्लेटफार्मों में से एक है। यह एक फोटो-शेयरिंग प्लेटफॉर्म के रूप में शुरू हुआ, लेकिन इंस्टाग्राम रील्स (शॉर्ट-फॉर्म वीडियो) के माध्यम से सामग्री प्रकारों की भीड़ को शामिल करने के लिए विस्तारित हुआ है, या लंबाई में एक मिनट से कम), इंस्टाग्राम वीडियो (लंबे फॉर्म वीडियो), या लंबाई में एक मिनट से अधिक), कहानियां (गायब फोटो / वीडियो सामग्री), इंस्टाग्राम शॉपिंग, और इंस्टाग्राम लाइव। कई व्यवसाय सीधे इंस्टाग्राम ऐप के भीतर अपने उत्पादों को सूचीबद्ध कर सकते हैं। भले ही, Instagram पर सामग्री का निर्माण करना लगभग सभी छोटे व्यवसायों के लिए जरूरी है, चाहे आपका लक्ष्य दर्शकों का निर्माण करना हो या स्थानीय समुदायों से जुड़ना हो।

फेसबुक: फेसबुक मुख्यधारा के उपयोग को हिट करने वाली ब्लॉग से परे पहली सोशल मीडिया सेवा थी। Instagram की तरह, यह पाठ, फोटो, वीडियो और लाइवस्ट्रीम सहित कई प्रकार की सामग्री साझा करने देता है। फेसबुक सभी छोटे व्यवसायों के लिए जरूरी है।

Google: आपकी Google व्यवसाय प्रोफ़ाइल यह है कि Google उपयोगकर्ता (जो हर कोई है) Chrome और Google मानचित्र जैसे खोज इंजन के माध्यम से आपके व्यवसाय के बारे में जल्दी से जानकारी प्राप्त कर सकते हैं. येल्प Google Business Profiles के समान तरीके से कार्य करता है, और जबकि अब से कवर नहीं किया गया है, business.yelp.com पर अपने येल्प पृष्ठ का दावा करने के लिए आगामी Google व्यवसाय प्रोफ़ाइल सेटअप अनुभाग में प्रस्तुत रूपरेखा का पालन करने पर विचार करें।

YouTube: यूट्यूब सर्वोत्कृष्ट वीडियो-शेयरिंग वेबसाइट है जिसमें ज्यादातर लॉन्ग-फॉर्म वीडियो (दस मिनट से अधिक) के साथ-साथ यूट्यूब शॉर्ट्स के माध्यम से शॉर्ट-फॉर्म वीडियो शामिल हैं। यह आपके व्यवसाय के लिए कुछ वॉकथ्रू या परिचय वीडियो की मेजबानी करने के लिए एक अच्छी जगह है। किसी भी बड़े या अधिक सुसंगत पैमाने पर, गुणवत्ता वाले लंबे समय तक YouTube वीडियो का उत्पादन करना ऑनलाइन संचालित होने वाले व्यवसायों के लिए सबसे अच्छा एक उच्च निवेश वाला कार्य है; सॉफ्टवेयर कंपनियों या डिजिटल एजेंसियों को लें। हालाँकि, YouTube शॉर्ट्स अन्य प्लेटफार्मों पर प्राथमिक वितरण के लिए आपके व्यवसाय द्वारा बनाए गए शॉर्ट-फॉर्म वीडियो को साझा करने के लिए एक आसान जगह है।

TikTok: टिकटॉक शॉर्ट-फॉर्म स्पेस में प्रमुख खिलाड़ी है। इसका विज्ञापन प्लेटफ़ॉर्म ऑनलाइन उत्पादों या सेवाओं को बेचने वाले व्यवसायों के लिए एक बड़ा अवसर प्रस्तुत करता है, जबकि प्लेटफ़ॉर्म की संपूर्णता आपके व्यवसाय और समुदाय में बड़े पैमाने पर लोगों को पेश करने का एक शानदार तरीका है।

LinkedIn: लिंक्डइन व्यवसायों और पेशेवरों के लिए प्राथमिक नेटवर्किंग ऐप है; सभी प्रकार की सामग्री को इस पर साझा किया जा सकता है, और यह लगभग किसी भी व्यवसाय (और छोटे व्यवसाय के मालिक!) के लिए पेशेवर कनेक्शन बनाने, प्रतिभा की भर्ती करने और स्थानीय दर्शकों के साथ जुड़ने का एक शानदार तरीका है।

चहचहाहट: ट्विटर क्लासिक शॉर्ट-फॉर्म टेक्स्ट-शेयरिंग एप्लिकेशन है। यह आपके उत्पादों, सेवाओं और व्यवसाय के बारे में त्वरित अपडेट पोस्ट करने का एक शानदार तरीका है। यह उन व्यवसायों के लिए सबसे अच्छा है जो विशेष रूप से स्थानीय दर्शकों तक पहुंचने की तलाश नहीं कर रहे हैं, बल्कि भूगोल द्वारा सीमित नहीं हैं।

Pinterest: Pinterest एक विज़ुअल फोटो शेयरिंग प्लेटफॉर्म है। यह उन व्यवसायों के लिए सबसे अच्छा है जिनके उत्पादों या सेवाओं से जुड़ी किसी प्रकार की भौतिक पहचान है, जैसे कि फैशन ब्रांड, रियल एस्टेट प्रबंधक, या इसी तरह, साथ ही साथ मुख्य रूप से महिलाओं को लक्षित करने वाला कोई

भी व्यवसाय (क्योंकि Pinterest के 80 मिलियन उपयोगकर्ताओं में से 85% महिलाएं हैं)।

इन विवरणों को ध्यान में रखते हुए, उन प्लेटफार्मों पर विचार करने के लिए कुछ समय निकालें जो आपके सामाजिक लक्ष्यों के अधिकतमकरण की सबसे अच्छी सेवा करते हैं।

मैजिक सिस्टम में अगला कदम सामग्री है। यह सामग्री के प्रकार और आपके व्यवसाय द्वारा पहचाने गए प्लेटफार्मों पर बनाई और साझा की जाने वाली सामग्री की नियमितता पर टूट जाता है। सामग्री चार संभावित श्रेणियों में विभाजित होती है:

प्रतिबिंब: यह श्रेणी उन सभी सामग्री का प्रतिनिधित्व करती है जो स्टिल फ्रेम के रूप में साझा की जाती हैं, चाहे उत्पाद तस्वीरें हों या विज्ञापन संदेश का विवरण देने वाली ग्राफिक डिज़ाइन छवियां।

वीडियो: इस श्रेणी में शॉर्ट-फॉर्म (लंबाई में एक मिनट से कम) और लॉन्ग-फॉर्म (लंबाई में एक मिनट से अधिक) वीडियो सामग्री दोनों शामिल हैं।

लेखन: यह श्रेणी व्यापक है और इसमें कई उल्लेखनीय सामग्री प्रकार शामिल हैं: ईमेल, ब्लॉग और पाठ बड़े तीन हैं।

श्रव्य: हालांकि व्यवसायों के लिए कम लोकप्रिय, ऑडियो सामग्री में मुख्य रूप से पॉडकास्ट और लाइव, ऑडियो-ओनली इवेंट शामिल हैं।

आपके द्वारा बनाई गई सामग्री का प्रकार उन सामाजिक माध्यमों पर निर्भर करता है जिन्हें आपने आगे बढ़ाने के लिए चुना था। प्रत्येक वर्णित प्लेटफ़ॉर्म पर मौजूद सामग्री प्रकार निम्नलिखित हैं:

- वेबसाइट
  - सभी सामग्री प्रकार
- Instagram
  - फोटो, वीडियो, लाइव
- TikTok
  - लघु-रूप वीडियो, लाइव
- फेसबुक
  - फोटो, वीडियो, लाइव
- YouTube
  - वीडियो, लाइव
- चहचहाहट
  - लेखन से संक्षिप्त
- साइन इन करें
  - लेखन, वीडियो, लाइव

- Pinterest
  - फोटो, वीडियो

पुस्तक में सामग्री निर्माण के लिए सर्वोत्तम प्रथाओं का पता लगाया गया है। अभी के लिए, उन सामग्री प्रकारों को लिखें जो आपका व्यवसाय उत्पादित और साझा करेगा।

इस बिंदु पर, आप जानते हैं कि आप क्या लक्ष्य बना रहे हैं, आप किसके लिए सामग्री का उत्पादन कर रहे हैं, आप किस प्लेटफ़ॉर्म पर सामग्री साझा करेंगे, और वह सामग्री किस रूप में लेती है।

मैजिक प्रणाली में अंतिम चरण कार्यान्वयन का निर्धारण कर रहा है। कार्यान्वयन उन प्रक्रियाओं को संदर्भित करता है जिन्हें आपके व्यवसाय में आपकी डिजिटल और सामाजिक रणनीति को वास्तविकता में बदलने के लिए रखा जाना चाहिए।

यह व्यवसाय के प्रकार के अनुसार काफी भिन्न होता है: अपने ऑनलाइन ट्यूशन व्यवसाय को चलाने वाला एक उद्यमी तीस-व्यक्ति लेखा व्यवसाय के समान काम नहीं करेगा, उदाहरण के लिए, जब विज्ञापन या सामग्री निर्माण की बात आती है। हम अध्याय छह में सामग्री निर्माण जैसी प्रक्रियाओं की दक्षता को अधिकतम करने के तरीकों का पता लगाएंगे।

आम तौर पर, सोशल मीडिया की बात आने पर आपको जिन प्रणालियों और प्रथाओं पर विचार करने की आवश्यकता होगी, वे निम्नलिखित पर उबलते हैं:

तकनीकी प्रबंधन: वर्डप्रेस या Shopify वेबसाइट की गहराई का प्रबंधन कौन कर सकता है? यह एक वेबसाइट या तकनीकी ज्ञान की आवश्यकता वाली किसी अन्य डिजिटल प्रक्रिया के निर्माण के दौरान न्यूनतम रूप से आवश्यक है (जब तक कि आप या आपके लोग खुद को सीखने के इच्छुक न हों) और सरल तकनीकी त्रुटियों को अनावश्यक बाधाओं में बदलने से रोकने के लिए इसके बाद किसी स्तर पर मौजूद होना चाहिए (उदाहरण के लिए, वर्डप्रेस प्लगइन्स के लिए ऑटो-अपडेट चालू नहीं करना और परिणामस्वरूप वेबसाइट को क्रैश करना)।

सामग्री विचारधारा और पुनरावृत्तिः विचारधारा और निर्माण को अलग-अलग प्रक्रियाओं के रूप में सबसे अच्छा माना जाता है। एक लंबे समय तक प्रभावशाली व्यक्ति के रूप में, मैंने पाया है कि एक ही विंडो में क्रंचिंग सामग्री विचारधारा और निर्माण अनावश्यक रूप से तनावपूर्ण है और लगभग हमेशा कम गुणवत्ता वाली सामग्री का परिणाम होता है। भविष्य की सामग्री निर्माण को विश्लेषिकी और हाल की सामग्री के प्रदर्शन से जोड़ा जाना चाहिए (उदाहरण के लिए, यदि कोई वीडियो फट जाता है, तो समान शैली या संदेश के साथ

अधिक वीडियो का उत्पादन करें, जबकि यदि कोई वीडियो अच्छा प्रदर्शन नहीं करता है, तो उस तरह की सामग्री का उत्पादन बंद कर दें)।

सामग्री निर्माण: यह कई रूप ले सकता है, क्योंकि इसमें विभिन्न सामग्री प्रकारों के मेजबान में सामग्री निर्माण शामिल है: लेखन, फोटो, वीडियो, आदि।

शेड्यूलिंग, पोस्टिंग और प्रबंधन: सामग्री पोस्ट करना, टिप्पणियों और संदेशों का जवाब देना, प्रोफाइल अपडेट करना, और इसी तरह। यह काम कम कौशल है, हालांकि इसके लिए कुछ हद तक संचार क्षमता की आवश्यकता होती है, साथ ही ग्राहकों के साथ इसकी नियमित बातचीत को देखते हुए व्यवसाय का ज्ञान भी होता है।

बजट: कई सोशल मीडिया प्रक्रियाओं को आउटसोर्स या स्वचालित किया जा सकता है। ऐसा करना भुगतान किए गए विज्ञापन की लागत के अलावा भी एक मूल्य टैग के साथ आता है। चाहे खर्च श्रम या विज्ञापन से उत्पन्न होते हैं, यह सुनिश्चित करना कि आपके व्यवसाय के डिजिटल प्रयास लाभदायक हैं और ऐसी जानकारी के अनुसार संबंधित बजट को समायोजित करना एक नियमित प्रक्रिया है जिसे लागू करना महत्वपूर्ण है।

जबकि ये प्रक्रियाएं सफल संचालन के लिए आपके व्यवसाय की अधिकांश आवश्यकताओं को कवर करती हैं, आपको आने वाले अन्य कार्यों को प्रबंधित

करने के लिए वैकल्पिक प्रणालियों का निर्माण करने की आवश्यकता हो सकती है। ऐसे मामलों में, बोर्ड भर में एक सुसंगत दृष्टि और मिशन बनाए रखते हुए जब भी संभव हो, स्वचालित और सुव्यवस्थित करने का लक्ष्य रखें। एक त्वरित टिप के रूप में, ध्यान रखें कि युवा लोग अक्सर अवैतनिक इंटर्न के रूप में काम करने के लिए तैयार होते हैं जब यह सोशल मीडिया के काम की बात आती है।

अब हम जादू प्रणाली के अंत में आ गए हैं। आपको निम्नलिखित का स्पष्ट विचार होना चाहिए:

- आपका व्यवसाय सोशल मीडिया और डिजिटल वातावरण में क्या हासिल करने के लिए निर्धारित कर रहा है।
- आप किस प्रकार के लोगों तक पहुंचेंगे।
- वे प्लेटफार्म जिन पर आप प्रगति करेंगे।
- आपके द्वारा बनाई जाने वाली सामग्री का प्रकार.
- जिन प्रक्रियाओं को आप अपने व्यवसाय में लागू करेंगे, वे सब कुछ हो जाएगा।

अब आपने सभी तीन रणनीतिक स्तरों को पूरा कर लिया है। आपके पास स्पष्टता है कि आप कौन हैं और आप ऑनलाइन संचालित व्यवसाय के रूप में क्या करेंगे।

जो बचा है वह यह पूरा करना है: शेष पुस्तक आपके द्वारा उल्लिखित चरणों को वास्तविकता में लाने में एक गहरी गोता है, जो आपके व्यवसाय के लिए डिजिटल उपस्थिति स्थापित करने के लिए एक गाइड के साथ शुरू होती है।

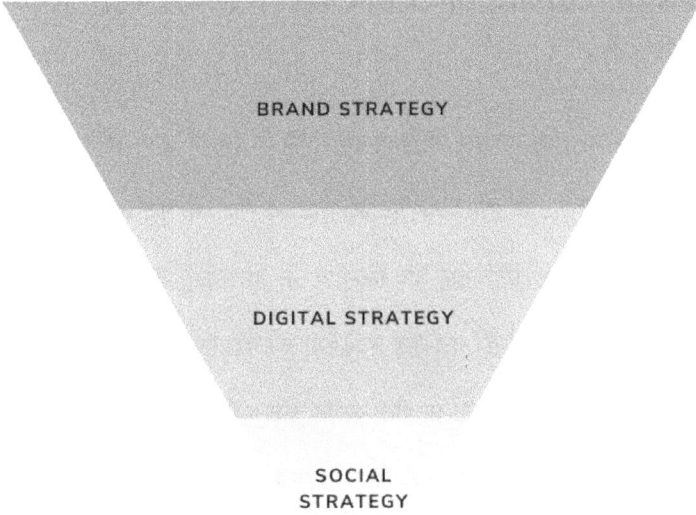

BRAND STRATEGY

DIGITAL STRATEGY

SOCIAL
STRATEGY

रणनीति के तीन स्तर।

अपनी डिजिटल उपस्थिति स्थापित करना

R सामग्री या सोशल मीडिया रणनीति के बिना, सभी छोटे व्यवसायों के लिए एक आवश्यक कदम अध्याय तीन में सूचीबद्ध प्लेटफार्मों में सोशल प्रोफाइल के निर्माण के माध्यम से उनकी डिजिटल उपस्थिति की स्थापना है। यह कई उद्देश्यों को पूरा करता है: यह खोज इंजन में व्यवसाय के लिए अधिक प्रदर्शन प्रदान करता है, यह सुनिश्चित करता है कि व्यवसाय के बारे में जानकारी मिल सकती है, और भविष्य के उपयोग के लिए उपयोगकर्ता नाम, साथ ही खातों को सुरक्षित करता है।

सोशल प्रोफाइल को इस तरह से सेट करना महत्वपूर्ण है जो दर्शकों को आपके व्यवसाय के बारे में जानकारी की आधारभूत डिग्री प्रदान करता है और एल्गोरिदम में अच्छी तरह से रैंक करता है। यह सुनिश्चित करता है कि यदि लोग आपके व्यवसाय या आपके द्वारा प्रदान की जाने वाली सेवा / उत्पाद को ऑनलाइन कहीं भी खोजते हैं, तो आपकी प्रोफ़ाइल शीर्ष के पास आ जाएगी। फिर, आपकी सामग्री रणनीति की परवाह किए बिना, यह एक पूर्ण अनिवार्यता है।

प्रोफाइल स्थापित करने के लिए प्रत्येक प्लेटफ़ॉर्म की अपनी सर्वोत्तम प्रथाएं हैं। बोर्ड के पार, उपयोगकर्ता नाम को सुरक्षित करने का लक्ष्य रखें जो

आपके व्यवसाय का सबसे अच्छा प्रतिनिधित्व करता है। जब भी संभव हो संख्याओं और रेखांकन को बाहर रखें और लंबाई को कम करें। कुछ उदाहरणों पर विचार करें (लाल रंग में वे उपयोगकर्ता नाम हैं जिनका आप उपयोग नहीं करेंगे, हरे रंग में वे उपयोगकर्ता नाम हैं जिनका आप उपयोग करेंगे):

मैरी का बी एंड बी: mary_bed_breakfast | मैरीबेड और ब्रेकफास्ट |

ओमनी: सर्वज्ञ | ओमनी2 | omni_besttech | ओमनी

व्हूलर फूड्स: होलफूड्स4यू | wholer_foods_nyu | होलफूड्स

बोर्ड के पार, आपको एक गुणवत्ता प्रोफ़ाइल फोटो की आवश्यकता होगी। आप आमतौर पर इसे अपनी कंपनी का लोगो बनाएंगे-बस ध्यान रखें कि यह जितना स्पष्ट और कम भीड़ वाला है, उतना ही बेहतर है। अपने लोगो को अनुकूलित करना सुनिश्चित करें यदि यह अन्यथा प्रोफ़ाइल फोटो सेटिंग में फिट नहीं होगा।

उपयोगकर्ता नाम और प्रोफ़ाइल फ़ोटो क्रॉस-प्लेटफ़ॉर्म आवश्यक हैं- प्रति-प्लेटफ़ॉर्म आधार पर सामाजिक प्रोफ़ाइल स्थापित करने के लिए निम्नलिखित सर्वोत्तम प्रथाएं हैं, जिन्हें महत्व के क्रम में स्थान दिया गया है: [2]

---

[2] सभी प्लेटफ़ॉर्म पर, अपनी प्रोफ़ाइल सत्यापित करने का प्रयास करें. यह आमतौर पर आपके व्यवसाय को प्रमुख मीडिया संगठनों द्वारा प्रकाशित लेखों

Google व्यवसाय

बिजनेस प्रोफाइल Google द्वारा आपके व्यवसाय को खोज इंजन और मैप ऐप्स में खोज योग्य बनाने के लिए प्रदान की जाने वाली एक सेवा है। यदि आपके व्यवसाय का भौतिक स्थान है, तो यह एक आवश्यक पहला कदम है, और आपके स्थान पर अधिक ट्रैफ़िक चलाने की गारंटी है। व्यावसायिक प्रोफाइल भी हैं जहां ग्राहक अपने अनुभव पर समीक्षा छोड़ सकते हैं, जो डिजिटल ट्रैफ़िक को वास्तविक जीवन के ग्राहकों में बदलने के लिए सामाजिक प्रमाण के रूप में काम कर सकते हैं। अपनी व्यावसायिक प्रोफ़ाइल के स्वामी के रूप में, आप प्रश्नों का उत्तर दे सकते हैं, समीक्षाओं का उत्तर दे सकते हैं, चेतावनियाँ सेट कर सकते हैं, प्रत्यक्ष संदेश सेवा सक्षम कर सकते हैं, और पोस्ट प्रकाशित कर सकते हैं.

में चित्रित करने की आवश्यकता होती है। जबकि सत्यापित होने के निर्देश प्रति-प्लेटफ़ॉर्म आधार पर भिन्न होते हैं, प्रक्रिया के बारे में पूछताछ करना सुनिश्चित करें और एक बार जब आपका व्यवसाय मीडिया आवश्यकता को पूरा करता है तो सत्यापन अनुरोध जमा करें।

i

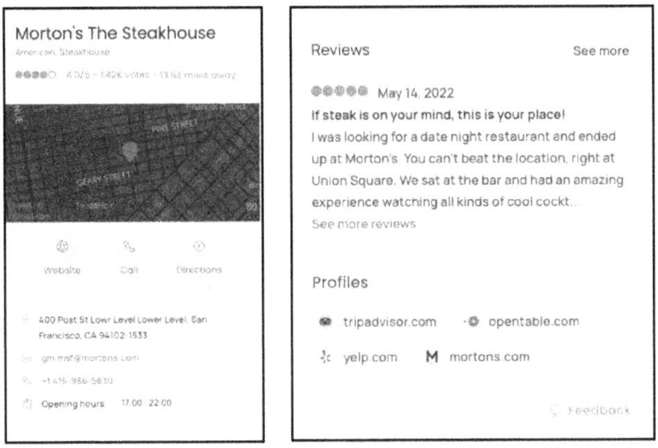

मॉर्टन के स्टेकहाउस के लिए इस Google Business प्रोफ़ाइल पर ध्यान दें, जो तब आता है जब स्थानीय लोग "स्टेकहाउस" या "मेरे पास स्टेक" खोजते हैं। इस तरह, Google Business प्रोफाइल प्रभावी रूप से ग्राहकों को रेस्तरां में पेश करते हैं और उन्हें भौतिक स्थान पर ले जाते हैं।

ii

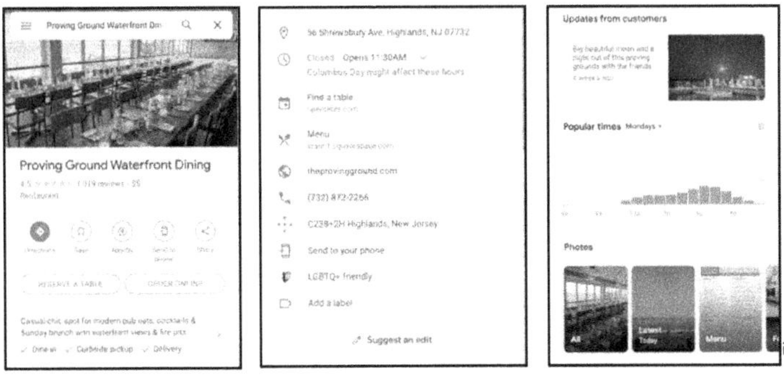

यह Google Business प्रोफ़ाइल Google मानचित्र पर खोजा जा सकता है। यह संभावित ग्राहकों को उपयोगी जानकारी प्रदान करता है, जैसे घंटे, संपर्क के साधन, लोकप्रिय समय और आरक्षण लिंक।

Google पर, व्यवसाय प्रोफ़ाइल व्यवसाय के भौतिक स्थान, नाम और श्रेणी से जुड़ी होती है। कोई भी व्यवसाय प्रोफ़ाइल के लिए एक स्थान सबमिट कर सकता है, जिसका अर्थ है कि आपका व्यवसाय हो सकता है पहले से ही एक प्रोफ़ाइल है। यदि ऐसा होता है, तो आपको प्रोफ़ाइल का दावा करने और उस पर निर्माण करने की आवश्यकता होगी। यदि नहीं, तो आपको अपने व्यवसाय के लिए एक बनाने की आवश्यकता होगी।

प्रोफ़ाइल का दावा करने के लिए, पहले Google मानचित्र पर अपने व्यवसाय (पते या नाम के माध्यम से) की खोज करें। फिर, "इस प्रोफ़ाइल का दावा करें" पर क्लिक करें और निर्देशों का पालन करें।

प्रोफ़ाइल बनाने के लिए, google.com/business पर जाएं और "अभी प्रबंधित करें" पर क्लिक करें। "Google में अपना व्यवसाय जोड़ें" पर क्लिक करें और आवश्यक जानकारी भरें. इसमें व्यवसाय का नाम, पता, सेवा क्षेत्र, व्यवसाय श्रेणी और संपर्क विवरण शामिल हैं।

एक बार जब आप या तो अपनी प्रोफ़ाइल बना लेते हैं या दावा करते हैं, तो इसे निम्न चरणों के माध्यम से खोज इंजन में अच्छा प्रदर्शन करने के लिए अनुकूलित करें:

लोगो और विवरण. ये मूल बातें हैं। एक नेत्रहीन मनभावन लोगो और एक विवरण जोड़ें जो व्यवसाय की गतिविधियों और प्रस्तावों को कवर करता है। विवरण को लिफ्ट पिच के रूप में सोचें: विचार और मूल्य प्रस्ताव को संक्षिप्त, व्याकरणिक रूप से सही और एल्गोरिदम के अनुकूल तरीके से प्राप्त करें।[3]

फ़ोटो और वीडियो जोड़ें. दृश्य एड्स गहराई जोड़ते हैं, वैधता में सुधार करते हैं, और ध्यान आकर्षित करते हैं। ऐसी सामग्री शामिल करें जो भौतिक व्यावसायिक स्थान (यदि कोई हो), अंदर, पेश किए जा रहे उत्पादों या सेवाओं और टीम के बाहर को कवर करती है।

संपर्क विवरण. व्यावसायिक घंटे और संपर्क जानकारी जोड़ें. व्यवसाय प्रोफ़ाइल से आने वाली कॉल को ट्रैक करने के लिए, एक अद्वितीय नंबर जोड़ें जो कहीं और नहीं दिखाया गया है।[4]

---

[3] एल्गोरिथ्म के अनुकूल, मेरा मतलब है कि सामान्य कीवर्ड और खोज प्रविष्टियों का उपयोग करके व्यवसाय और व्यावसायिक गतिविधियों का वर्णन करें-बड़े शब्दों के लिए समय नहीं!

[4] जबकि Google My Business इनसाइट्स रिपोर्ट में कॉल एट्रिब्यूशन एनालिटिक्स प्रदान करता है, यह केवल क्लिक-टू-कॉल मोबाइल उपकरणों को कवर करता है, उस नंबर के माध्यम से किए गए सभी कॉल नहीं

समीक्षाएँ प्राप्त करें और प्रबंधित करें. ग्राहकों को किसी तरह से समीक्षा छोड़ने के लिए प्रोत्साहित करें या नियमित और दोस्तों को समीक्षा छोड़ने के लिए कहें। सामाजिक प्रमाण काफी हद तक प्राप्त होने से पहले आप कम से कम कुछ दर्जन 4.5+ स्टार समीक्षाओं को इकट्ठा करना चाहेंगे। इसके बाद, अधिक समीक्षा प्राप्त करना प्राथमिकता की आवश्यकता नहीं है। इसके अतिरिक्त, समीक्षाओं का जवाब देने के लिए समय निकालें, चाहे सकारात्मक या नकारात्मक।

उत्पाद और सेवाएँ जोड़ें. यह एक नाटकीय रूप से अप्रयुक्त सुविधा है, इसलिए इसका पूरा लाभ उठाएं। Google My Business डैशबोर्ड पर, बाएं हाथ के मेनू में "उत्पादों" पर नेविगेट करें। उत्पाद टैब आपको अपने जीएमबी प्रोफाइल में सीधे माल (भौतिक और डिजिटल दोनों) और सेवाओं को जोड़ने देता है (रेस्तरां को लोकप्रिय व्यंजन और मेनू कार्यों के तहत प्रसाद जोड़ना चाहिए, उत्पादों के माध्यम से नहीं)। यह एक शक्तिशाली उपकरण है क्योंकि सूचीबद्ध उत्पाद सीधे खोज परिणामों में रैंक कर सकते हैं, इस प्रकार ग्राहकों को आपके रास्ते पर भेज सकते हैं जो न केवल आपके व्यवसाय या व्यावसायिक श्रेणी के लिए बल्कि विशिष्ट उत्पादों के लिए भी खोज करते हैं। उत्पादों और सेवाओं को सूचीबद्ध करते समय, सुनिश्चित करें कि आपकी तस्वीरें कई और उच्च गुणवत्ता वाली हैं। एक फोटोग्राफर को काम पर रखना, या एक शौक़ीन दोस्त के साथ काम करना, इसके लायक है। Google व्यवसाय प्रोफ़ाइल विवरण की

तरह, उत्पाद के नाम और विवरण में कीवर्ड शामिल करने का प्रयास करें (उचित के लिए)

सीमा- ओवरलोडिंग अनुत्पादक है)। आपके पास उत्पाद का वर्णन करने के लिए 1000 वर्ण हैं, इसलिए उस स्थान का पूरा लाभ उठाएं। इसके अतिरिक्त, जब आपको मूल्य निर्धारण जानकारी जोड़ने की आवश्यकता नहीं है, तो ऐसा करना बहुत अच्छा है यदि आपका मूल्य निर्धारण अक्सर नहीं बदलता है। अंत में, एक कॉल-टू-एक्शन बटन चुनें जो आपके फ़नल को फिट करता है; यदि आप ऑनलाइन बेचते हैं, तो "ऑर्डर ऑनलाइन" बटन आमतौर पर सबसे अच्छा प्रदर्शन करता है, जबकि यदि आप केवल भौतिक स्थान पर बेचते हैं, तो "अधिक जानें" या "खरीदें" जाने का तरीका है (इन बटनों को तब लैंडिंग पृष्ठ पर रीडायरेक्ट करना चाहिए जो ग्राहकों को आपके व्यवसाय के साथ शारीरिक रूप से जुड़ने के लिए प्रोत्साहित करता है)। इन युक्तियों का उपयोग करके, उत्पादों और सेवाओं को अधिकतम मात्रा में सूचीबद्ध करें, जिसकी आपका व्यवसाय अनुमति देता है, क्योंकि अधिक लिस्टिंग केवल रैंकिंग बढ़ाने और अधिक ट्रैफ़िक चलाने के लिए काम करेगी।

नियमित रूप से अंतर्दृष्टि की जांच करें। Google My Business डैशबोर्ड में विश्लेषिकी के तहत, आप उन खोज प्रविष्टियों को देख सकते हैं जो ग्राहक आपकी व्यावसायिक प्रोफ़ाइल को खोजने के लिए दर्ज कर रहे हैं, प्रोफ़ाइल पर एक बार की जाने वाली कार्रवाइयाँ और प्रोफ़ाइल पर सामग्री का सापेक्ष प्रदर्शन।

ग्राहक हित में रुझानों की पहचान करने के लिए नियमित अंतराल पर इन एनालिटिक्स की जांच करें। इस जानकारी का उपयोग अपनी जीएमबी प्रोफ़ाइल, साथ ही साथ अपनी भव्य सामाजिक उपस्थिति को और अनुकूलित करने के लिए करें।

Instagram

एक अनुकूलित Instagram प्रोफ़ाइल स्थापित करना उपयोगकर्ता नाम से शुरू होता है। पृष्ठ बाईस पर सर्वोत्तम अभ्यास दिशानिर्देशों के अनुसार एक उपयोगकर्ता नाम और प्रोफ़ाइल चित्र चुनें। एक श्रेणी चुनें जो आपके व्यवसाय का प्रतिनिधित्व करती है और सुनिश्चित करें कि श्रेणी प्रोफ़ाइल पर सार्वजनिक करने के लिए सेट है। इसी तरह, "नाम" अनुभाग में व्यवसाय या व्यवसाय का पूरा नाम दर्ज करें (खासकर यदि नाम उपयोगकर्ता नाम के रूप में काम करने के लिए बहुत लंबा है) और वेबसाइट अनुभाग में अपने व्यवसाय के होमपेज को लिंक करें।

अपने Instagram विवरण लिखने के लिए एक प्रारंभिक बिंदु के रूप में निम्नलिखित संरचना का उपयोग करें:

- एक या दो लाइनों से शुरू करें जो आपके व्यवसाय द्वारा प्रदान की जाने वाली सेवाओं या उत्पादों को उजागर करती हैं और आपके लक्षित दर्शकों की पहचान करती हैं। इसे अत्यधिक लंबा या शब्दहीन न बनाएं: सादगी और स्पष्टता पर ध्यान केंद्रित करें।

- अपनी डिजिटल रणनीति से प्राप्त कॉल-टू-एक्शन शामिल करें। क्या आप सामाजिक दर्शकों और अनुयायियों को अपनी वेबसाइट पर लाने

की कोशिश कर रहे हैं? क्या आप उन्हें अपने साथ कॉल सेट करने या अपने व्यवसाय के भौतिक स्थान पर जाने की कोशिश कर रहे हैं? जो भी हो, दर्शकों को उस रास्ते पर जाने के लिए प्रोत्साहित करने या प्रेरित करने के लिए इस लाइन का उपयोग करें।

- यदि आपके पास जल्द ही एक विशेष प्रचार, पेशकश, या नया उत्पाद / सेवा लॉन्च हो रही है, तो इसे एक लाइन के रूप में बायो में डालने पर विचार करें।

- बोर्ड के पार, रंग और पिज़्ज़ाज़ जोड़ने के लिए इमोजी शामिल करें, और उन कीवर्ड को शामिल करें जो आपके व्यवसाय और इसकी पेशकशों का वर्णन करते हैं।

निम्न क्या करें और क्या न करें नोट करें:

👎 Username does not fully reflect the business name.

bpnsupps ✓   Message   Follow   ···

1,674 posts   257K followers   211 following

BPN-Bare Performance Nutrition
Health & performance supplements you can trust.
GO ONE MORE®
linktr.ee/bpnsupp

👍 Keywords added to name

👍 Concise description.

👍 Elegant and simplistic profile photos

luckysupermarkets ✓   Message   Follow   ···

1,372 posts   4,629 followers   57 following

Lucky Supermarkets
Grocery Store
We love to help our guests bring new and exotic flavors to their homes, as well as, offer them an incredible shopping experience.
linktr.ee/luckycalifornia

👍 Business category is presented

👎 Overly wordy and bad grammer.

---

philzcoffee ✓   Message   Follow   ···

2,080 posts   60.1K followers   374 following

Philz Coffee
Bettering people's days, one cup at a time 🌻
#philzcoffee

linktr.ee/philzcoffee?fbclid=IwAR1d6categrovljn03Z2OO47QooFJL1v3...

👍 Use of custom hashtag

👎 Messy link

👍 Visually enticing logo that clearly imparts the business name.

agenciflow   Message   Follow   ···

9 posts   4,396 followers   601 following

AgenciFlow
The All-In-One Platform for Agency Owners
Get Paid, Communicate with Clients, and Manage all your Projects & Tasks!
Way less admin, way more money
www.agenciflow.com

👍 Description desribes the product and the target audience.

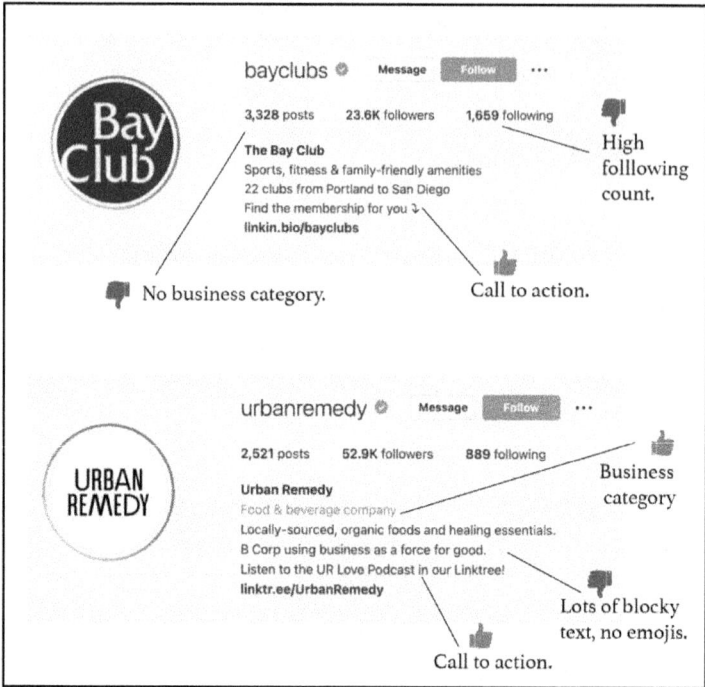

bayclubs ✓   Message   Follow   ...

3,328 posts   23.6K followers   1,659 following

The Bay Club
Sports, fitness & family-friendly amenities
22 clubs from Portland to San Diego
Find the membership for you ↘
linkin.bio/bayclubs

High folllowing count.

No business category.

Call to action.

urbanremedy ✓   Message   Follow   ...

2,521 posts   52.9K followers   889 following

Urban Remedy
Food & beverage company
Locally-sourced, organic foods and healing essentials.
B Corp using business as a force for good.
Listen to the UR Love Podcast in our Linktree!
linktr.ee/UrbanRemedy

Business category

Lots of blocky text, no emojis.

Call to action.

एक बार जब आपका बायो पूरा हो जाता है, तो सेटिंग्स > खाते पर नेविगेट करें > पेशेवर खाते पर स्विच करें। यह आपके Instagram पेज को व्यक्तिगत से व्यावसायिक खाते में स्थानांतरित करता है और आपको अपने व्यवसाय के संबद्ध फेसबुक खाते से कनेक्ट करने देता है। Instagram पर व्यावसायिक खातों में पोस्ट और फ़ॉलोअर अंतर्दृष्टि, प्रचार और प्रोफ़ाइल संपर्क विकल्पों तक पहुंच होती है।

एक बार जब पृष्ठ किसी पेशेवर खाते में स्थानांतरित हो जाता है, तो अपनी प्रोफ़ाइल में संपर्क विकल्प जोड़ें। अपने भौतिक स्थान पर एक फोन नंबर,

ईमेल और निर्देश जोड़ना सबसे अच्छा है (यदि यह आपके व्यवसाय पर लागू होता है)। ये संपर्क विकल्प इंस्टाग्राम पर सामाजिक दर्शकों और अनुयायियों को ग्राहकों में परिवर्तित करने में एक महत्वपूर्ण कदम हैं।

इस बिंदु पर, आपके व्यवसाय की इंस्टाग्राम प्रोफ़ाइल में निम्नलिखित होना चाहिए:

- उपयोगकर्ता नाम।
- संक्षिप्त और नेत्रहीन आकर्षक प्रोफ़ाइल फोटो।
- व्यापार श्रेणी.
- व्यवसाय का नाम या नारा (नाम रेखा)।
- विवरण जो व्यवसाय और संबंधित प्रस्तावों का परिचय देता है, लक्षित दर्शकों को बताता है, और एक कॉल-टू-एक्शन प्रस्तुत करता है।
- किसी पेशेवर खाते में रूपांतरण।
- संपर्क विकल्प।

आपका ज्यादातर काम वास्तविक प्रोफाइल सेटअप के लिहाज से होता है। उस ने कहा, जब सिर्फ एक खाता शुरू किया जाता है, तो कुछ परिचयात्मक पोस्ट बनाने के लिए यह एक अतिरिक्त सर्वोत्तम अभ्यास है-यह सुनिश्चित करता है कि आप खाता साझा करते समय शून्य पोस्ट से शुरू नहीं कर रहे हैं। इन्हें

आपके व्यवसाय पर जानकारी और सामग्री की एक आधार परत प्रदान करनी चाहिए, जैसे कि भौतिक स्थान (यदि कोई है), टीम या संस्थापक, वेबसाइट, एक अच्छा दिखने वाला स्लाइड डेक, या एक घटना। प्रोफ़ाइल निर्माण के अनुसार इस प्रकार के कम से कम तीन पोस्ट प्रकाशित करें (हिंडोला सबसे अच्छा है, हालांकि अनिवार्य नहीं है)। [5] एक बार पूरा होने के बाद, आपका व्यवसाय Instagram प्रोफ़ाइल दुनिया के लिए तैयार है।

साइन इन करें

लिंक्डइन पेशेवरों के लिए सोशल मीडिया नेटवर्क है। जबकि यह तकनीकी समुदाय के बीच अपनी लोकप्रियता के लिए जाना जाता है, लिंक्डइन 800 मिलियन से अधिक सदस्यों और 58 मिलियन पंजीकृत कंपनियों के विशाल समुदाय तक पहुंचता है। हबस्पॉट ने पाया कि लिंक्डइन फेसबुक और ट्विटर की तुलना में लीड उत्पन्न करने में 277% अधिक प्रभावी है, जबकि 80% बी 2 बी लीड लिंक्डइन से आते हैं - इन सभी कारणों से और बहुत अधिक के लिए,

---

[5] कैरोसल्स इंस्टाग्राम पोस्ट को संदर्भित करते हैं जिसमें एक से अधिक फोटो होते हैं।

लिंक्डइन न केवल आपके व्यक्तिगत ब्रांड के लिए बल्कि आपके व्यवसाय के लिए एक शक्तिशाली नेटवर्किंग और विपणन उपकरण है।[6]

लिंक्डइन पर व्यवसाय अपने उत्पादों या सेवाओं को बढ़ावा देने, सामग्री पोस्ट और साझा करने, बी 2 बी अवसरों की पहचान करने, खोज उपस्थिति बढ़ाने और नौकरी के उम्मीदवारों की पहचान करने के लिए एक व्यवसाय पृष्ठ बना सकते हैं।[7]

लिंक्डइन व्यवसाय पृष्ठ बनाने के लिए, आपको निम्न आवश्यकताओं को पूरा करना होगा:

- कम से कम सात दिनों के लिए एक व्यक्तिगत लिंक्डइन प्रोफ़ाइल बनाए रखें, सहयोगियों से जुड़ें, और कम से कम "मध्यवर्ती" की प्रोफ़ाइल शक्ति प्राप्त करें।

---

[6] हबस्पॉट ने लिंक्डइन की विजिट-टू-लीड रूपांतरण दर को फेसबुक के लिए .77% और ट्विटर के लिए .69% की तुलना में 2.74% पर रखा।

[7] विशेष रूप से लिंक्डइन शोकेस पृष्ठों के माध्यम से, जो लिंक्डइन व्यावसायिक पृष्ठों का विस्तार हैं जो एक निश्चित ब्रांड या उत्पाद पर जोर देते हैं और बढ़ावा देते हैं।

- एक कंपनी की वेबसाइट और ईमेल बनाए रखें, और अपने लिंक्डइन प्रोफ़ाइल के "अनुभव" अनुभाग के तहत अपने व्यवसाय के वर्तमान कर्मचारी के रूप में खुद को सूचीबद्ध करें।

फिर, अपने लिंक्डइन डैशबोर्ड के ऊपरी दाएं कोने में "काम" आइकन पर क्लिक करें और "कंपनी पृष्ठ बनाएं" बटन पर क्लिक करें। "छोटा व्यवसाय" चुनें, व्यवसाय प्रोफ़ाइल भरें, और "पृष्ठ बनाएं" पर क्लिक करें। पृष्ठ को पूरी तरह से ऑप्टिमाइज़ करने के लिए, निम्न अतिरिक्त चरणों का पालन करें:

- कस्टम-निर्मित कवर फ़ोटो (1584px x 396px) जोड़ें. इस छवि को एक मुख्य तत्व या आपके व्यवसाय या उत्पाद पर ध्यान केंद्रित करना चाहिए और ध्यान भंग करने वाले तत्वों को कम करने का लक्ष्य रखना चाहिए।

- "के बारे में" अनुभाग में एक सारांश लिखें जो स्पष्ट रूप से आपके व्यवसाय की कहानी और उत्पादों या सेवाओं का विवरण देता है। सारांश में कीवर्ड (हमेशा की तरह, उचित सीमा तक) शामिल करें।

- यदि आपके पास कर्मचारी हैं, तो सुनिश्चित करें कि उनके पास व्यक्तिगत लिंक्डइन प्रोफाइल हैं और अपने व्यवसाय को उनके रोजगार के स्थान के रूप में सूचीबद्ध करें। अपनी वेबसाइट पर "लिंक्डइन पर हमारा अनुसरण करें" बटन जोड़ना सुनिश्चित करें।

- यदि आप किराए पर लेना चाहते हैं (या कभी भी खुद को ऐसी स्थिति में पाते हैं), तो आप एक कैरियर पेज के माध्यम से कर्मचारियों को आकर्षित कर सकते हैं, जो संभावित उम्मीदवारों को आपकी कंपनी के इतिहास, मूल्यों और नौकरी के अवसरों का परिचय देता है। मैं व्यक्तिगत रूप से इसके लिए प्रतिज्ञा कर सकता हूं- मुझे लिंक्डइन के माध्यम से अपनी पहली नौकरी मिली।

- लिंक्डइन समूह बनाएँ और उसमें शामिल हों. अपने व्यवसाय या व्यवसाय से संबंधित विषय के लिए एक लिंक्डइन समूह बनाने पर विचार करें।

- लिंक्डइन के भीतर ट्रैकिंग और एनालिटिक्स टूल का लाभ उठाएं, मुख्य रूप से कंपनी पेज एनालिटिक्स, यह पता लगाने के लिए कि अनुयायी आपके पृष्ठ और सामग्री के साथ कैसे बातचीत कर रहे हैं (और जनसांख्यिकीय जानकारी प्राप्त करने के लिए)।

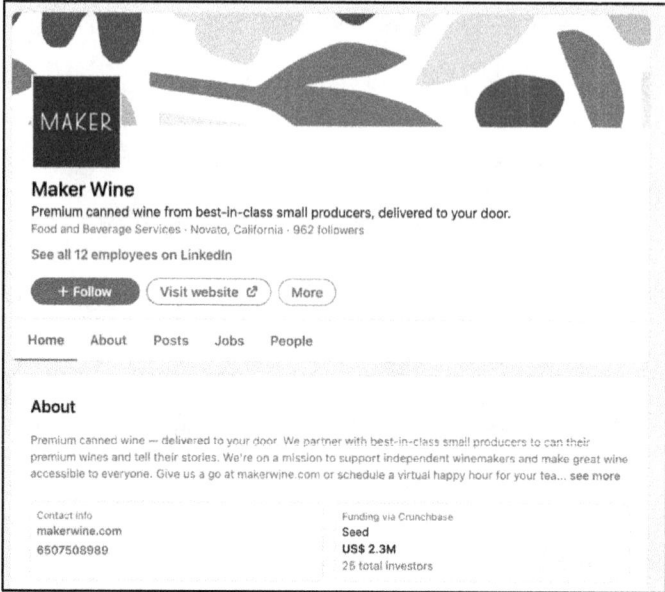

ध्यान दें कि प्रोफ़ाइल में एक लंबा विवरण, संपर्क जानकारी और सामाजिक-प्रमाण फंडिंग आँकड़े हैं।

ये चरण सुनिश्चित करते हैं कि आपका व्यवसाय प्रमुख खोज इंजनों पर और लिंक्डइन के भीतर व्यवस्थित रूप से रैंक करेगा। लिंक्डइन पारिस्थितिकी तंत्र के भीतर पेशेवरों और व्यवसायों के साथ जुड़ने के लिए, साथ ही साथ नई घटनाओं या प्रस्तावों को प्रचारित करने, वर्तमान ग्राहकों के संपर्क में रहने और फ़नल के नीचे ट्रैफ़िक चलाने के लिए, लिंक्डइन पर नियमित रूप से सामग्री पोस्ट करना सबसे अच्छा है।

यदि आपके पास पहले से ही अपनी वेबसाइट पर एक ब्लॉग है, तो आप लिंक्डइन पर पोस्ट करने के लिए आसानी से सामग्री को पुन: प्रस्तुत कर सकते हैं। यदि नहीं, तो यह एक अच्छा विचार हो सकता है

स्वयं सामग्री बनाने के लिए, सामग्री निर्माण को आउटसोर्स करने के लिए, या व्यक्तिगत सामग्री उत्पन्न करने के लिए इंटर्न या अन्य कम लागत वाले समाधान के साथ काम करने के लिए। जबकि हम आगे के अनुभागों में न्यूनतम-प्रयास और अधिकतम-परिणाम सामग्री निर्माण की कला में अधिक प्राप्त करेंगे, इन विचारों को अभी के लिए अपने सिर के पीछे रखें।

कुल मिलाकर, लिंक्डइन डिजिटल उपस्थिति के साथ आधुनिक व्यवसायों के लिए व्यावहारिक आवश्यकता है। लिंक्डइन पर उपलब्ध पेशेवर नेटवर्क का लाभ उठाते समय, सफलता के आधारभूत उपाय (विचार, अनुयायी, आदि) के रूप में टॉप-लाइन लिंक्डइन मैट्रिक्स पर ध्यान केंद्रित करना सुनिश्चित करें, लेकिन जिस डिग्री तक आप दर्शकों को अपने व्यवसाय, आगे के कनेक्शन और दीर्घकालिक ग्राहकों को प्राप्त कर सकते हैं।

फेसबुक

फेसबुक लगभग हर मीट्रिक द्वारा दुनिया का सबसे बड़ा सोशल मीडिया प्लेटफॉर्म है - 2.91 बिलियन मासिक सक्रिय उपयोगकर्ताओं के साथ, फेसबुक सभी आकारों के व्यवसायों के लिए आवश्यक है। फेसबुक पर अपने व्यवसाय की स्थापना एक फेसबुक पेज से शुरू होती है, जो समुदाय और सामाजिक

प्रदर्शन के संचय से प्राप्त लाभ को पकड़ने के अलावा विज्ञापन लॉन्च करने के लिए आवश्यक है। फेसबुक बिजनेस पेज व्यक्तिगत फेसबुक खातों से जुड़े होते हैं। एक बार अपने खाते में प्रवेश करने के बाद, व्यवसाय पृष्ठ सेट करने के लिए facebook.com/pages/creation पर जाएं. पृष्ठ का नाम (अपने व्यवसाय का नाम) जोड़ें और फ़ोटो कवर करें. अपने व्यवसाय विवरण और पते, संपर्क जानकारी, वेबसाइट और घंटों के साथ "के बारे में" अनुभाग भरें। निम्न अनुभाग आपके नए व्यवसाय पृष्ठ का गठन करते हैं:

समुदाय: यह अनुभाग आमतौर पर ट्रैफ़िक में होमपेज के बाद दूसरा होता है और वह जगह है जहां पोस्ट, साथ ही फोटो और वीडियो सामग्री, दिखाई देती है
ऊपर। यह सामग्री ग्राहकों द्वारा बनाई जा सकती है, न केवल पृष्ठ व्यवस्थापक, और ग्राहकों के साथ सीधे बातचीत करने का अवसर प्रदान करता है।

इवेंट्स: इवेंट्स सेक्शन आपको आगामी कंपनी या सामुदायिक कार्यक्रमों को प्रस्तुत करने और बढ़ावा देने के लिए स्थान प्रदान करता है। आप एक बार बनाए गए ईवेंट में लोगों को आमंत्रित भी कर सकते हैं।

समीक्षा: यह टैब वह जगह है जहां ग्राहक आपके व्यवसाय और सेवा पर समीक्षा छोड़ सकते हैं। यद्यपि आप समीक्षा टैब को छिपा सकते हैं, ये समीक्षाएं आपके

पृष्ठ के शीर्ष पर दिखाई देती हैं, और अच्छी समीक्षाएक शक्तिशाली सामाजिक प्रमाण संकेतक हैं।

सेवाएँ: आप अपने व्यवसाय द्वारा प्रदान की जाने वाली सेवाओं के बारे में जानकारी प्रदान करने के लिए इस अनुभाग को भर सकते हैं. इसमें मूल्य निर्धारण की जानकारी शामिल है।

शॉप: शॉप टैब के तहत, आप अपने उत्पादों को सीधे सूचीबद्ध करके ई-कॉमर्स में संलग्न हो सकते हैं। ग्राहक सीधे पृष्ठ से खरीद सकते हैं और बिक्री सीधे आपके बैंक खाते में ई-कॉमर्स में एक आसान प्रवेश में भेजी जाती है।

ऑफ़र: यह अनुभाग आपको विशेष सौदों या छूट को पोस्ट करने देता है और आपके पृष्ठ पर जुड़ाव प्राप्त करने का एक शानदार तरीका प्रस्तुत करता है क्योंकि ग्राहकों को आने वाले सौदों को रोकने के लिए प्रोत्साहित किया जाता है।

उन अनुभागों को भरना सुनिश्चित करें जो आपकी फ़नल और डिजिटल रणनीति में फिट होते हैं- उदाहरण के लिए, यदि आपका व्यवसाय ग्राहकों को ई-कॉमर्स की पेशकश करने से लाभ उठा सकता है, तो आप फेसबुक "शॉप" पेज का लाभ उठाएंगे, जैसे, हेयर सैलून। अपना पृष्ठ बढ़ाएँ

सामग्री के माध्यम से व्यवस्थित रूप से और जितना संभव हो ग्राहकों के साथ जुड़ें।

फेसबुक की उपयोगिता, एक समुदाय बनाने और प्रबंधित करने की क्षमता से परे, फेसबुक और इंस्टाग्राम विज्ञापनों से आती है। दोनों सामग्री को गर्म उपयोगकर्ताओं (उदाहरण के लिए, आपके भौगोलिक समुदाय के लोग, या जो आपके उत्पादों या सेवाओं को चाहते हैं) को बड़े पैमाने पर धकेलने के लिए शक्तिशाली उपकरण हैं।[8] हम अब इन उपकरणों पर चर्चा छोड़ देंगे क्योंकि यह अध्याय 8 में आ रहा है।

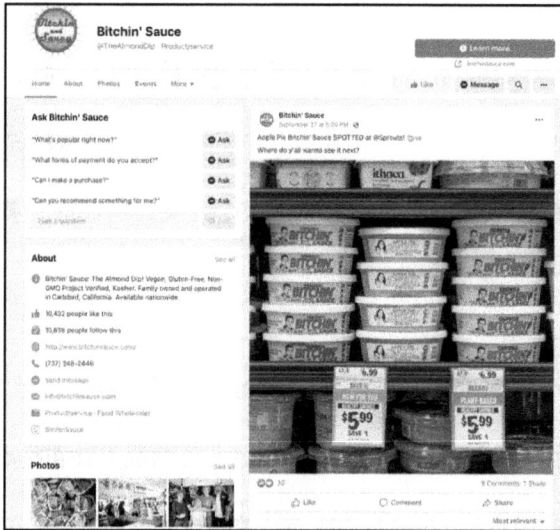

vii

---

[8] वास्तव में, ब्रांडवॉच के अनुसार, 75% ब्रांड अपने फेसबुक पोस्ट का प्रचार करते हैं।

ध्यान दें कि @TheAlmondDip अपने दर्शकों को प्रश्नों के माध्यम से कैसे संलग्न करता है, अपनी प्रोफ़ाइल भरता है, और नियमित रूप से सामग्री साझा करता है।

Pinterest

Pinterest व्यवसाय खाते विश्लेषिकी, विज्ञापन विकल्प, विभिन्न सामग्री प्रकार और नई सुविधाओं तक प्रारंभिक पहुँच प्रदान करते हैं. व्यवसाय Pinterest खाता बनाने के लिए, business.pinterest.com पर नेविगेट करें. मूल सेटिंग्स भरें और अपने व्यवसाय की वेबसाइट की पुष्टि करें। यह आपको उस सामग्री को ट्रैक करने देता है जिसे लोग आपकी वेबसाइट से पिन करते हैं और आगे क्रॉस-प्लेटफ़ॉर्म एनालिटिक्स तक पहुंचते हैं। अंत में, अपने अन्य सामाजिक खातों को Pinterest प्रोफ़ाइल से कनेक्ट करें, जो क्रॉस-प्लेटफ़ॉर्म सामग्री साझा करना आसान बनाता है, और कुछ प्रारंभिक बोर्ड (साथ ही आपके व्यवसाय के आधार पर खरीदने योग्य पिन) बनाने पर विचार करें।

viii

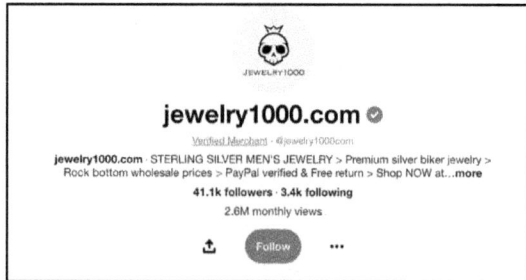

ix

x

YouTube

YouTube उचित वीडियो डिज़ाइन बनाम प्रोफ़ाइल डिज़ाइन के बारे में बहुत अधिक है। फिर भी, मूल सिद्धांत महत्वपूर्ण हैं। एक व्यवसाय YouTube चैनल सेट करते समय, पहले अपने व्यवसाय से जुड़े Gmail खाते के माध्यम से YouTube में साइन इन करें. फिर, स्क्रीन के ऊपरी दाएं कोने में आइकन के नीचे ड्रॉपडाउन विकल्पों से "मेरा चैनल" पर क्लिक करें। नीचे बाईं ओर "व्यवसाय या अन्य नाम का उपयोग करें" पर क्लिक करें और ब्रांड खाता बनाने के लिए निर्देशों का पालन करें।

एक बार ब्रांड खाता सेट होने के बाद, चैनल आइकन के माध्यम से प्रोफ़ाइल भरें, एक प्रोफ़ाइल फोटो और चैनल कलाकृति (जैसे, बैनर छवि) के बराबर। [9] फिर, चैनल विवरण भरें- यह अनुभाग अन्य प्लेटफार्मों की तुलना में बहुत अधिक स्थान प्रदान करता है, इसलिए अपने व्यवसाय की वेबसाइट से "अबाउट" टेक्स्ट की प्रतिलिपि बनाने या व्यवसाय पर किसी अन्य प्रोफ़ाइल से प्राप्त जैव पाठ पर विस्तार करने पर विचार करें। आप इस अनुभाग में कई लिंक भी जोड़ सकते हैं। अपनी वेबसाइट, Google व्यवसाय प्रोफ़ाइल और अन्य सभी लिंक करना सुनिश्चित करें जिन्हें आप अपने व्यवसाय और फ़नल

---

[9] चैनल आइकन और बैनर क्रमशः 800x800 और 1546x423 पिक्सेल पर आकार के होते हैं।

के लिए आवश्यक मानते हैं। ध्यान दें कि अधिक दृश्यता के लिए सामाजिक खाते आपके चैनल के होमपेज पर बैनर से लिंक हो जाते हैं।

अंत में, ध्यान दें कि YouTube आपके चैनल के होमपेज पर "चैनल ट्रेलर" के लिए जगह प्रदान करता है। यह वह वीडियो है जो आपके पृष्ठ पर नए दर्शकों को दिखाया जाता है। अधिकतम रूपांतरण सुनिश्चित करने के लिए अन्य सामग्री पोस्ट करने से पहले इस ट्रेलर को सेट करना सबसे अच्छा है। इस वीडियो को दिलचस्प बनाने की कोशिश करें; इसे पहली छाप के रूप में सोचें। इस तरह से, आपके व्यवसाय की वेबसाइट के लिए एक सरल परिचय के विपरीत,

सेवा, या स्थान, अपने भौतिक स्थान (यदि आपके पास एक है), टीम के सदस्यों के साथ एक साक्षात्कार, सीईओ के दिन-प्रतिदिन के जीवन का एक व्लॉग, या इसी तरह की कुछ चीजों पर विचार करें। एक आकर्षक चैनल ट्रेलर, भले ही आप नियमित रूप से YouTube पर सामग्री का उत्पादन नहीं करते हैं, आपके YouTube पेज को आपकी भव्य सामाजिक उपस्थिति में एक नोड के रूप में बढ़ावा देने के लिए एक लंबा रास्ता तय करता है।[10]

---

[10] यदि आपका व्यवसाय YouTube पर सामग्री बनाना शुरू करता है, तो आप प्लेलिस्ट और विभिन्न चैनल अनुभाग भी सेट करेंगे।

नीचे दिए गए उदाहरणों में, चैनल आइकन और कलाकृति के उपयोग, कलाकृति बैनर के निचले दाईं ओर सामाजिक और वेबसाइट लिंक और आकर्षक चैनल ट्रेलर पर ध्यान दें।

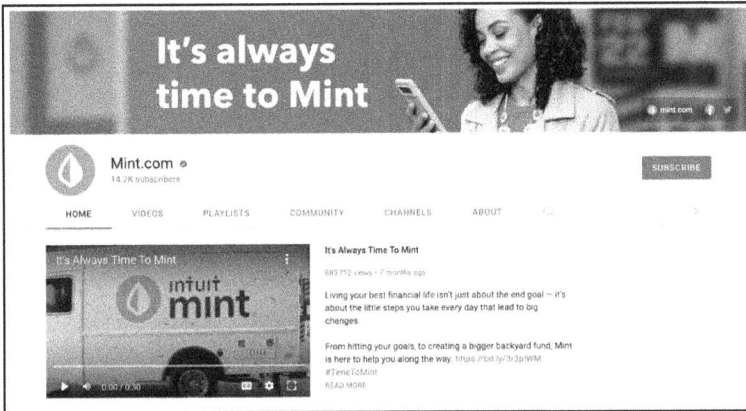

xi

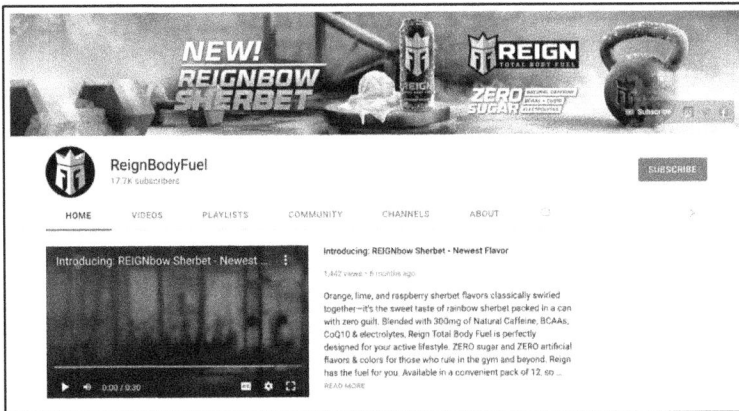

xii

MonsterInsights
The Best WordPress Analytics Plugin
MonsterInsights
2.65K subscribers
SUBSCRIBE
HOME
VIDEOS
PLAYLISTS
COMMUNITY
CHANNELS
ABOUT
Description
The most popular Google Analytics Plugin for WordPress - 3 million active sites and counting.
MonsterInsights make analytics easy for WordPress. See how visitors find and use your website, so you can keep them coming back. Simply put, get stats that matter.
https://www.monsterinsights.com/
Stats
Joined Apr 13, 2016
460,167 views
Details
Location: United States

TikTok

प्रोफाइल सेटअप के मामले में टिकटॉक सरल है। प्रोफ़ाइल फोटो सर्वोत्तम प्रथाओं के अनुसार बस एक उपयोगकर्ता नाम और प्रोफ़ाइल फोटो चुनें और अपने व्यवसाय का परिचय देते हुए एक उप-80-वर्ण बायो लिखें। यह छोटा और छोटा होना चाहिए- इंस्टाग्राम-स्टाइल डिस्क्रिप्टर के लिए भी कोई जगह नहीं है। इमोजी शामिल करें और ध्यान दें कि कीवर्ड प्लेसमेंट पूरी तरह से अप्रासंगिक है। बायो लिंक (वेबसाइट, उत्पाद / सेवा पृष्ठ, या अनुकूलित लैंडिंग पृष्ठ सबसे अच्छा है) और टैगलाइन, जैसे "नीचे प्रस्ताव" या "इंस्टाग्राम" के रूप में कॉल-टू-एक्शन शामिल करने पर विचार करें। जैव पाठ की अंतिम पंक्ति के रूप में कुछ नीचे तीरों का उपयोग करें। अंत में, प्रोफ़ाइल को व्यक्तिगत खाते से टिकटॉक व्यवसाय खाते में बदलना सुनिश्चित करें। यह विश्लेषिकी, एक ईमेल संपर्क बटन और वेबसाइट लिंक कार्यान्वयन की अनुमति देता है।

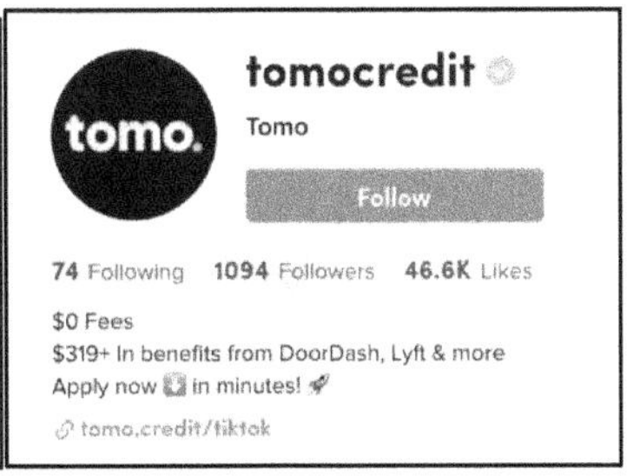

bitchinsauce ✓	tomocredit ✓
BITCHIN' SAUCE	Tomo
Follow	Follow
38 Following 15.9K Followers 11.7K Likes	74 Following 1094 Followers 46.6K Likes
The Almond Dip!	$0 Fees
Family owned & operated in Carlsbad, California.	$319+ In benefits from DoorDash, Lyft & more
⬡ bitchinsauce.com	Apply now 🔲 in minutes! 🚀
	⬡ tomo.credit/tiktok

चहचहाहट

ट्विटर पर उपस्थिति स्थापित करना भी इसी तरह से न्यूनतम है; बस एक उपयोगकर्ता नाम चुनें और एक प्रोफ़ाइल फोटो, हेडर ग्राफिक, स्थान, जैव और वेबसाइट डालें। बायो को छोटा रखें; मंच पर इंटरसेक्शन्ड ह्यूमर आम है (नीचे दी गई दूसरी प्रोफ़ाइल पर ध्यान दें)।

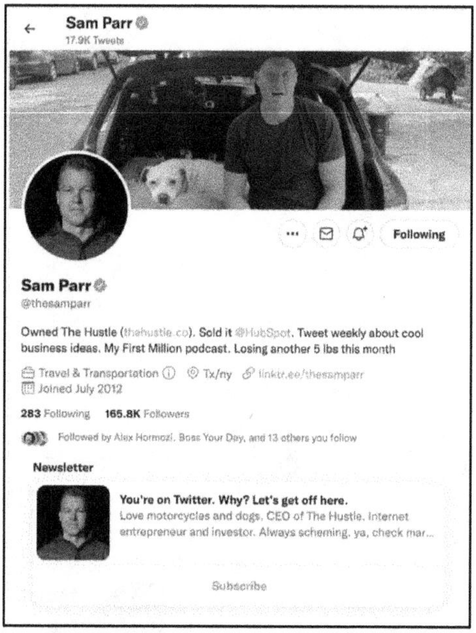

ट्विटर आपके व्यवसाय के लिए सामाजिक प्रोफाइल स्थापित करने में हमारे विचार को देखता है। पूर्व चरणों के पूरा होने पर, आपके व्यवसाय में सभी प्रमुख मीडिया प्लेटफार्मों को कवर करने वाली एक गतिशील सामाजिक उपस्थिति होती है। आपका व्यवसाय सभी खोज इंजनों और उन सामाजिक प्लेटफार्मों पर सामाजिक रूप से रैंक करना शुरू कर देगा जिन पर आप उपस्थिति बनाए रखते हैं।

यह जन्मजात लाभ प्रस्तुत करता है: अधिक ग्राहकों के लिए अधिक दृश्यता। हालांकि, एक सामाजिक उपस्थिति स्थापित करना एक स्मार्ट डिजिटल रणनीति का केवल पहला कदम है - सोशल मीडिया पर सामाजिक सामग्री और विज्ञापन बनाना एक ऐसी रणनीति है जो केवल सामाजिक उपस्थिति के रखरखाव के माध्यम से संभव पैमाने को अनुमति देने और प्रोत्साहित करने के लिए डिज़ाइन की गई है। इस पुस्तक के अगले कुछ भाग इन अनिवार्यताओं पर ध्यान केंद्रित करेंगे: पहले दर्शकों के निर्माण पर (कार्बनिक विपणन की अवधारणा के बराबर), फिर भुगतान किए गए डिजिटल मार्केटिंग पर, और अंत में जमीनी स्तर पर विपणन रणनीतियों पर जो असामान्य, लेकिन विशेष रूप से प्रभावी तरीकों से सामाजिक नेटवर्क का लाभ उठाते हैं।

एक दर्शक का निर्माण

और अपनी डिजिटल उपस्थिति को स्थिर करना एक्सपोजर सुनिश्चित करने और अधिक ग्राहकों को जीतने में एक प्रभावशाली पहला कदम है। हालांकि, केवल इतना ही है कि आपकी प्रोफाइल कर सकती है: डिजिटल साधनों के माध्यम से अपने व्यवसाय को बड़े पैमाने पर बढ़ाने के लिए, दो रास्ते लिए जा सकते हैं।

ये दो रास्ते दर्शक-निर्माण और विज्ञापन हैं, जिन्हें अनिवार्य रूप से "कार्बनिक विपणन" बनाम "भुगतान विपणन" के रूप में सोचा जा सकता है। जबकि दोनों की आवश्यकता है समय और प्रयास, वे विभिन्न कोणों से ऑनलाइन आपके व्यवसाय को बढ़ाने की समस्या पर हमला करते हैं। कार्बनिक विपणन महान सामग्री बनाने के बारे में है जो लोगों के साथ जुड़ते हैं। यदि आप इसे खींच सकते हैं, तो यह कम निवेश है और व्यावहारिक रूप से असीमित पैमाने पर है।

भुगतान किए गए विज्ञापन अधिक स्थिर होते हैं और अल्पकालिक रिटर्न प्रदान करते हैं, लेकिन शायद ही कभी असममित या अप्रत्याशित रिटर्न

प्रदान करते हैं और, इस बात पर निर्भर करते हुए कि आप इसे कैसे चुनते हैं, आमतौर पर अधिक निवेश की आवश्यकता होती है।

इस खंड में, हम आपके व्यवसाय को ऑनलाइन बढ़ाने के मार्ग के रूप में दर्शकों के निर्माण की जांच करेंगे। मैं व्यक्तिगत रूप से विज्ञापन से अधिक इस रणनीति में विश्वास करता हूं- यह एक रचनात्मक और मजेदार प्रयास है (यदि सही तरीके से किया जाता है), और एक जिसे मैंने कम लागत वाले तरीके से मेरे कई सहित कई छोटे व्यवसायों के लिए खेल को पूरी तरह से बदलते हुए देखा है।

ऑनलाइन दर्शकों का निर्माण सोशल मीडिया ऐप्स पर किया जाता है। "सोशल मीडिया" की हमारी परिभाषा उदार है- उदाहरण के लिए, ईमेल एक सामाजिक माध्यम है, साथ ही पाठ भी है। विशिष्ट ऐप के बावजूद, ऑडियंस-बिल्डिंग के लिए सामग्री निर्माण की आवश्यकता होती है: सामग्री डालकर लोग दुनिया में आनंद लेते हैं, उपभोग करते हैं और साझा करते हैं, वह सामग्री उन उपभोक्ताओं को प्रेरित कर सकती है जिन्होंने आपके उत्पादों और सेवाओं के लिए आपके व्यवसाय के बारे में कभी नहीं सुना होगा। उच्च स्तर पर, उन चार प्रकार की सामग्री को देखें जिन्हें आप बना सकते हैं (पृष्ठ पंद्रह), और आपकी सामाजिक रणनीति में इनमें से कुछ या सभी प्रकार शामिल होने चाहिए।

निम्नलिखित प्लेटफार्मों के माध्यम से बॉटम-लाइन राजस्व और अन्य केपीआई में परिवर्तित होने वाले दर्शकों का निर्माण करना सबसे अच्छा है। ध्यान रखें कि सामग्री को कई प्लेटफार्मों पर साझा किया जा सकता है-

उदाहरण के लिए, एक ब्लॉग पोस्ट को आपकी वेबसाइट, फेसबुक पेज, लिंक्डइन खाते और ईमेल सूची में साझा किया जा सकता है, और फिर इंस्टाग्राम पर एक कहानी के रूप में साझा किया जा सकता है। हम इस प्रक्रिया में बाद में शामिल होंगे:

- **वेबसाइट:** अपनी वेबसाइट के माध्यम से एक ईमेल सूची बनाना और किसी प्रकार का न्यूज़लेटर या ब्लॉग बनाना आवश्यक है।
- **Instagram:** दर्शकों के निर्माण और सामग्री निर्माण के लिए एक आवश्यकता।
- **फेसबुक:** इसी तरह, अपने समुदाय से जुड़ने और सभी प्रकार की सामग्री साझा करने के लिए एक शानदार जगह है।
- **लिंक्डइन**: लिंक्डइन काफी आकर्षक और एक उपयुक्त मंच हो सकता है जिस पर ब्लॉग या न्यूज़लेटर से लिखित सामग्री को फिर से साझा किया जा सकता है।
- **TikTok:** नहीं, यह सिर्फ बच्चों के लिए नहीं है। TikTok अत्यधिक स्केलेबल है और शॉर्ट-फॉर्म वीडियो के माध्यम से फॉलोऑन हासिल करने के लिए अपेक्षाकृत आसान है।

इसलिए, हमारे पास दर्शकों के निर्माण के लिए आप जिस प्रकार की सामग्री बना सकते हैं, और जिन प्लेटफार्मों पर आप इसे पोस्ट कर सकते हैं। सामग्री

निर्माण के लिए अनिवार्य सटीक रणनीतियों और प्रक्रियाओं पर जाने से पहले, उन प्लेटफार्मों पर वापस सोचें जिन्हें आपने अपने व्यवसाय के लिए सबसे मूल्यवान माना है। यह पहेली का आधा हिस्सा था- अब आप उस जानकारी को उन सामग्री के प्रकारों के साथ जाल कर सकते हैं जो प्रत्येक प्लेटफ़ॉर्म के लिए सबसे अच्छे हैं।

अपनी सामाजिक रणनीति बताएं आपकी वेबसाइट, फेसबुक और लिंक्डइन को सबसे महत्वपूर्ण माध्यमों के रूप में पहचाना गया है, जिस पर आपका व्यवसाय खुद को स्थापित करेगा। प्लेटफ़ॉर्म के इस संग्रह के लिए उल्लिखित प्राथमिक सामग्री प्रकार लंबे समय तक चलने वाले पाठ हैं, जैसे कि ब्लॉग, साथ ही वेबसाइट और फेसबुक पेज पर अपने व्यवसाय को पेश करने के लिए कुछ वीडियो। इस काल्पनिक में, अब आपको इस बात का स्पष्ट विचार है कि आप अपने दर्शकों का निर्माण कैसे करेंगे- ग्राहकों को अपने ब्रांड और प्रस्तावों से परिचित कराने के लिए सभी प्लेटफार्मों पर पोस्ट करने के लिए कुछ उच्च गुणवत्ता वाले वीडियो बनाकर, और फिर नियमित रूप से अपनी ईमेल सूची, वेबसाइट, फेसबुक प्रोफाइल और लिंक्डइन प्रोफाइल पर साझा करने के लिए लिखित सामग्री बनाकर।

यह वह विचार प्रक्रिया है जिससे आपको गुजरना चाहिए एक स्पष्ट विचार स्थापित करने के लिए कि आपका व्यवसाय खुद को ऑनलाइन दर्शकों और ग्राहक आधार का निर्माण कैसे करेगा।

अब हम सर्वोत्तम प्रथाओं का पता लगाएंगे अब तक पहचाने गए सभी सामाजिक प्लेटफार्मों पर सामग्री बनाने और दर्शकों को बढ़ाने के लिए। केवल उन प्लेटफार्मों के बारे में पढ़ने के लिए स्वतंत्र महसूस करें जिनका आप वास्तव में उपयोग करेंगे, या आपकी रुचि के अनुसार कुछ भी और सामान्य सामाजिक दर्शकों के निर्माण स्थान की समझ में सहायता करने के लिए।

एक वेबसाइट का निर्माण और अनुकूलन

हम दर्शकों के निर्माण की तुलना में एक बड़े विषय के साथ शुरू करेंगे। हम न केवल यह पता लगाएंगे कि ईमेल मार्केटिंग और ब्लॉगिंग के माध्यम से दर्शकों को कैसे विकसित किया जाए और उस दर्शकों को ग्राहकों में कैसे बदला जाए, बल्कि वेबसाइट विकास और एसईओ (खोज इंजन अनुकूलन, जो संदर्भित करता है कि आपकी वेबसाइट क्रोम जैसे ब्राउज़रों पर कितनी अच्छी रैंक करती है) के लिए वेबसाइट कैसे स्थापित की जाए।

जबकि आप वेबसाइट विकास को आउटसोर्स करने का विकल्प चुन सकते हैं यदि आपके पास नहीं है एक साइट पहले से ही, आपकी वेबसाइट के कामकाज पर कुछ बुनियादी ज्ञान होने से एक लंबा रास्ता तय होता है।

नो-कोड वेबसाइट बनाने में डोमेन, वेबसाइट बिल्डर और होस्टिंग योजना शामिल है। डोमेन आपकी वेबसाइट का URL है, जैसे कि mybusiness.com या mybusiness.org। वेबसाइट बिल्डर वह ढांचा है जिसके माध्यम से आप कंप्यूटर की सेटिंग्स की तरह अपनी वेबसाइट को संपादित कर सकते हैं। होस्टिंग वह सर्वर है जिस पर वेबसाइट का डेटा संग्रहीत किया जाता है।

शुक्र, डोमेन, होस्टिंग और एक वेबसाइट स्थापित करने की प्रक्रिया आजकल काफी आसान है, साथ ही सस्ती भी है।

godaddy.com पर GoDaddy पर जाकर शुरू करें. यहां, आप अपने व्यवसाय की वेबसाइट के लिए इच्छित डोमेन की खोज कर सकते हैं। "Yourbusinessname.com" सबसे अच्छा दांव है। यदि यह एक सामान्य नाम है, तो आपको .co, .org, या इसी तरह की किसी चीज़ का विकल्प चुनने की आवश्यकता हो सकती है। एक बार जब आप उपलब्ध डोमेन की पहचान कर लेते हैं, तो आप होस्टिंग सेट करने के लिए तैयार होते हैं।

मेरे अनुभव में, वर्डप्रेस छोटे व्यवसायों के लिए सबसे अच्छा "वेबसाइट बिल्डर" है। लगभग 70% इंटरनेट वर्डप्रेस पर चलता है, और यह एक वेबसाइट पर लगभग पूर्ण नियंत्रण के साथ-साथ ऐड-ऑन कार्यक्षमताओं की एक विस्तृत श्रृंखला की अनुमति देता है। अन्य लोकप्रिय वेबसाइट बिल्डर,

जैसे स्क्वायरस्पेस, Wix, और Weebly, उपकरणों की एक अत्यंत सीमित श्रृंखला प्रदान करते हैं।[11]

वर्डप्रेस होस्टिंग सेट अप करने के लिए, आपके पास कुछ विकल्प हैं- GoDaddy $ 6.99 प्रति माह (डोमेन शामिल नहीं) पर वर्डप्रेस होस्टिंग योजना शुरू करता है, जबकि BlueHost (bluehost.com) $ 2.99 के लिए वर्डप्रेस होस्टिंग योजना प्रदान करता है। GoDaddy में कुछ हद तक एक सरल इंटरफ़ेस है, लेकिन अन्यथा, दोनों सेवाएं लगभग समान हैं।

जिस भी सेवा के साथ आप जाने का फैसला करते हैं, सुनिश्चित करें कि आप उस प्रदाता के माध्यम से डोमेन खरीदते हैं। आप नीचे दिए गए लिंक पर एक डोमेन और डोमेन और होस्टिंग योजना बंडल कर सकते हैं या फिर उन्हें व्यक्तिगत रूप से खरीद सकते हैं (बस होस्टिंग योजना सेट करते समय सही डोमेन चुनना सुनिश्चित करें, और एक नया नहीं खरीदें)।

godaddy.com/en-in/hosting/WordPress-hosting
bluehost.com/WordPress

---

[11] बदले में, वे वेबसाइट सेटअप प्रक्रिया को सरल बनाते हैं। हालांकि, वर्डप्रेस आसान ड्रैग और ड्रॉप बिल्डरों (जैसे एलिमेंटर) को भी शामिल करने की अनुमति देता है। यदि आप एक अल्ट्रा-सरल विकल्प की तलाश में हैं, तो स्क्वेरस्पेस, विक्स, या वीबली के साथ जाएं, बस जान लें कि यह आम तौर पर लंबे समय में सबसे खराब विकल्प है।

दोनों सेवाओं पर, एसएसएल (सुरक्षित सॉकेट परत) को सक्षम करना सुनिश्चित करें, जो हर बार जब आप एक सत्यापित वेबसाइट पर जाते हैं तो साइट-लॉक मौजूद होते हैं।

अब जब आपका डोमेन और होस्टिंग योजना सेट अप हो गई है, तो आप वर्डप्रेस में अपनी वेबसाइट बनाना शुरू कर सकते हैं। चाहे GoDaddy या Bluehost में, उत्पाद मेनू पर जाएं और "मेरी साइट संपादित करें" या इस तरह के कुछ बदलाव पर क्लिक करें।

आप खुद को वर्डप्रेस डैशबोर्ड में पाएंगे, जो इस की तर्ज पर कुछ दिखेगा:

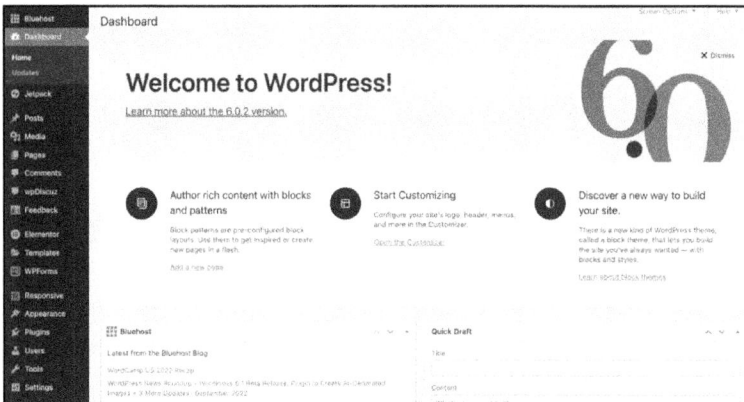

यह पहली नज़र में थोड़ा डराने वाला हो सकता है, इसलिए चलो स्क्रीन के सबसे बाएं हिस्से पर मेनू को तोड़ दें:

- **पोस्ट वह** जगह है जहाँ आप सामग्री बना और प्रकाशित कर सकते हैं।

- **मीडिया** वह जगह है जहां साइट पर अपलोड किए गए फ़ोटो, वीडियो और दस्तावेज़ लाइव होते हैं।

- **पृष्ठ** वह जगह है जहाँ आप वेबसाइट के प्रत्येक भाग (उदाहरण के लिए, मुख पृष्ठ, पृष्ठ के बारे में, आदि) की सामग्री (जैसे, लेआउट और शब्द) का प्रबंधन कर सकते हैं।

- **उपस्थिति** वह जगह है जहां आप वेबसाइट थीम सेट कर सकते हैं, संरचना का प्रबंधन कर सकते हैं, और लुक को अनुकूलित कर सकते हैं।

- **प्लगइन्स** वह जगह है जहां आप अपनी साइट पर कार्यक्षमता जोड़ने के लिए तैयार ऐड-ऑन की एक पूरी लाइब्रेरी पा सकते हैं।

- **उपयोगकर्ता** आपको व्यवस्थापक से लेकर ग्राहकों तक, आपकी साइट पर खाते रखने वाले लोगों को प्रबंधित करने देते हैं.

- **सेटिंग्स** आपको अपनी साइट के कुछ सामान्य पहलुओं और शैलीगत तत्वों का प्रबंधन करने देती हैं।

आपकी वेबसाइट वर्तमान में अप्रकाशित है. इसे प्रकाशन के लिए तैयार करने के लिए, वेबसाइट के लिए एक दृश्य लुक चुनकर शुरू करें। थीम > उपस्थिति पर नेविगेट करें और एक थीम चुनें (शुरू करने के लिए सरल है) आपको लगता है कि आपके ब्रांड और व्यवसाय का प्रतिनिधित्व करता है। आप अपने प्रकार के व्यवसाय के लिए सर्वश्रेष्ठ थीम भी Google कर सकते हैं ताकि उन विकल्पों को ढूंढ सकें जो अंतर्निहित स्टोर पर नहीं हैं।

फिर, उपस्थिति पर नेविगेट करें > साइट पहचान, वैश्विक सेटिंग्स, पाद लेख, साइडबार और हेडर को अपनी पसंद के अनुसार अनुकूलित और सेट करें। नया पाग बनाने के लिएवेबसाइट पर, सभी पृष्ठों को संपादित करें, या पुन: स्थापित पृष्ठों को हटाएं, नए जोड़ने के > पृष्ठों पर क्लिक करें, पृष्ठ संपादित >, या ट्रैश > पृष्ठ। शीर्ष-स्तरीय मेनू को बदलने के लिए, जो वेबसाइट हेडर पर दिखाई देता है, उपस्थिति > मेनू पर जाएं।

जैसे ही आप पृष्ठ सामग्री भरना शुरू करते हैं, जैसे कि होम पेज पर और पृष्ठ के बारे में, आपके द्वारा संपादित किए जा रहे पृष्ठों के ऊपरी-बाएँ कोने में "+" नोट करें। यह आपको पृष्ठ में पृष्ठ तत्व सम्मिलित करने देता है, जिसे ब्लॉक कहा जाता है। यदि आप अंतर्निहित वर्डप्रेस पृष्ठ से खुश नहीं हैं

संपादक, एलिमेंट प्लगइन स्थापित करने पर विचार करें, जो थोड़ा अधिक उन्नत ड्रैग-एंड-ड्रॉप संपादन प्रदान करता है।

एलिमेंट से परे, इन आवश्यक प्लगइन्स में से कुछ को स्थापित करने पर विचार करें (सभी के पास एक मुफ्त योजना है):

एसईओ प्लगइन - Yoast एसईओ और जेटपैक दो लोकप्रिय प्लगइन्स हैं जो आपको अपनी वेबसाइट के खोज इंजन अनुकूलन को बेहतर बनाने और बेहतर ढंग से प्रबंधित करने देते हैं।

Analytics प्लगइन - मॉन्स्टरइनसाइटऔर Google Analytics दो लोकप्रिय प्लगइन्स हैं जो उन्नत विश्लेषिकी प्रदान करते हैं।

सुरक्षा प्लगइन - Akismet और Wordfence दो लोकप्रिय प्लगइन्स हैं जो स्पैम से बचाते हैं और फ़ायरवॉल प्रदान करते हैं (विश्वसनीय साइट पर भी विचार करें)।

WPForms - आपको अपनी वेबसाइट पर इंटरैक्टिव फॉर्म बनाने और जोड़ने देता है।

अपड्राफ्ट प्लस - आपकी वेबसाइट का स्वचालित बैकअप बनाता है।

WooCommerce - उत्पादों को बेचने के लिए एक ऑनलाइन स्टोर स्थापित करें।

स्मैशबैलून - सोशल मीडिया विजेट जोड़ता है।

ऑप्टिनमॉन्स्टर - आपको अधिक ईमेल ग्राहक प्रदान करता है।

HubSpot - ग्राहक प्रतिष्ठा प्रबंधन (CRM) प्रदान करता है।

हजारों प्लगइन्स उपलब्ध हैं, इसलिए जब भी आप अपनी वेबसाइट में कार्यक्षमता जोड़ना चाहते हैं तो प्लगइन लाइब्रेरी से परामर्श करें।

अब आप सभी वर्डप्रेस मूल बातों से परिचित हैं- एक डोमेन कैसे चुनें, होस्टिंग सेट करें, एक थीम जोड़ें, वेबसाइट का रूप बदलें, पृष्ठ जोड़ें और संपादित करें, नेविगेशन मेनू बदलें, और प्लगइन्स इंस्टॉल करें।

जब शैलीगत और रणनीतिक वेबसाइट निर्णयों की बात आती है, तो ध्यान रखें कि आपकी वेबसाइट को आपकी ब्रांड पहचान को नेत्रहीन आकर्षक और सीधे तरीके से प्रतिबिंबित करना चाहिए। प्लगइन्स या पृष्ठों के साथ शीर्ष पर न जाएं और प्लगइन गिनती को आवश्यक चीजों तक सीमित करें। आपके द्वारा इंस्टॉल किए गए एसईओ प्लगइन के माध्यम से खोज इंजन अनुकूलन (एसईओ) को अधिकतम करना सुनिश्चित करें, क्योंकि यह सुनिश्चित करेगा कि वेबसाइट समय के साथ रैंक करती है (हालांकि इसमें कुछ समय लग सकता है- Google पर अपनी वेबसाइट को मैन्युअल रूप से अनुक्रमित करने के लिए, जो प्रक्रिया को तेज बनाता है, search.google.com/search-console पर जाएं)। इसके अतिरिक्त, यदि आप अपनी वर्डप्रेस वेबसाइट के माध्यम से

उत्पादों को बेचने की योजना बना रहे हैं, तो WooCommerce सेटअप प्रक्रिया का पालन करें।

समुदाय की खेती करने के लिए, अधिक एक्सपोजर प्राप्त करें, और अधिक ग्राहक प्राप्त करें, ब्लॉगिंग और ईमेल मार्केटिंग खेल का नाम है। ईमेल मार्केटिंग, विशेष रूप से, सभी व्यवसायों के लिए एक जरूरी काम है, जबकि ब्लॉगिंग मूल्यवान है कि यह ऐसी सामग्री प्रदान करता है जो खोज पर दृश्यता बढ़ाता है और अन्य सामाजिक प्लेटफार्मों पर साझा किया जा सकता है।

ईमेल विपणन

ईमेल दुनिया भर में लगभग चार अरब पते के साथ सामाजिक संचार का एक व्यापक रूप है। सर्वेक्षण में शामिल 73% उपभोक्ताओं ने कहा है कि ईमेल उनका पसंदीदा मार्केटिंग चैनल है, जबकि मध्यम ईमेल मार्केटिंग ROI 122% है।

ईमेल विपणन उत्पाद या सेवाओं को बेचने और ग्राहक संबंधों को मजबूत करने के लिए ईमेल और ईमेल सूचियों का लाभ उठाता है। यह ईमेल कैप्चर करने के साथ शुरू होता है: अर्थात्, यह पता लगाना कि आपके वर्तमान और संभावित ग्राहकों को आपको अपना ईमेल पता कैसे दिया जाए। यह आमतौर पर लैंडिंग पर ईमेल कैप्चर फॉर्म के माध्यम से प्राप्त किया जाता है और

चेकआउट पृष्ठ- चेकआउट पृष्ठों पर "हमारे न्यूज़लेटर के लिए साइन अप करें" बॉक्स की जांच करते समय, या विशेष छूट या इनाम प्राप्त करने के लिए वेबसाइट में अपना ईमेल दर्ज करते समय आपने स्वयं इसका अनुभव किया है। एक बार जब आप ईमेल प्राप्त करने के लिए एक फ़नल स्थापित कर लेते हैं, तो इन क्लासिक ईमेल मार्केटिंग रणनीतियों पर विचार करें (हम इन ईमेल प्रक्रियाओं को आगे स्वचालित करने का तरीका जानेंगे):

- **स्वागत ईमेल (और शायद एक इनाम) के साथ नए ग्राहकों** और ग्राहकों को बधाई दें। एक ग्राहक द्वारा आपके व्यवसाय की ईमेल सूची की सदस्यता लेने के तुरंत बाद, उन्हें एक संक्षिप्त धन्यवाद, कंपनी पृष्ठभूमि, बिक्री बिंदु या इनाम का विवरण देते हुए एक ईमेल भेजें। इस ईमेल को व्यक्तिगत महसूस करने का लक्ष्य रखें, क्योंकि रिसीवर के पास आपके ब्रांड के साथ बहुत पूर्व बातचीत नहीं हुई है।

- **नियमित रूप से एक समाचार पत्र भेजें।** न्यूज़लेटर यह सुनिश्चित करने का एक शक्तिशाली तरीका है कि ग्राहक आपके ब्रांड और व्यवसाय के संपर्क में रहें। न्यूज़लेटर (जिनमें से अधिकांश साप्ताहिक रूप से भेजे जाते हैं) में समाचार, ग्राहक और टीम की कहानियां, ब्लॉग पोस्ट और अन्य सामाजिक सामग्री हो सकती है।

- **अपने व्यवसाय से संबंधित अपडेट, लॉन्च और अपडेट साझा करें।** एक ईमेल सूची आपके व्यवसाय के नए पहलुओं के बारे में समाचार

प्राप्त करने का सही तरीका है। शुरुआती दर्शकों के लिए कुछ प्रकार या छूट या इनाम शामिल करने से जुड़ाव बढ़ना निश्चित है।

शुक्र है, आपको इन ईमेल को स्वयं भेजने का काम करने की ज़रूरत नहीं है- बल्कि, ईमेल मार्केटिंग को आसान बनाने के लिए विभिन्न प्रकार की शक्तिशाली स्वचालन सेवाएं मौजूद हैं।

- **मेलचिम्प** और **निरंतर संपर्क** - सर्वश्रेष्ठ समग्र रूप से
- **ड्रिप** - ईकॉमर्स स्टोर के लिए सबसे अच्छा।
- **हबस्पॉट** - सबसे अच्छा सीआरएम उपकरण
- **Sendinblue** - ग्राहक आधार बढ़ाने के लिए सबसे अच्छा उपकरण।

इन सेवाओं का उपयोग करते समय स्वचालन पर ध्यान दें। उदाहरण के लिए, पांच सप्ताह की अवधि में (नियमित सामग्री के अलावा) सभी नए ईमेल ग्राहकों को भेजे जाने वाले पांच ईमेल की एक श्रृंखला सेट करें, या एक निश्चित खर्च मील का पत्थर हिट करने वाले ग्राहकों को भेजे जाने वाले एक विशेष-धन्यवाद संदेश या इनाम। इस प्रकार का स्वचालन स्थापित करना मुश्किल नहीं है: बस ईमेल मार्केटिंग प्लेटफॉर्म पर ट्यूटोरियल का पता लगाएं जिसके साथ आप काम करना चुनते हैं।

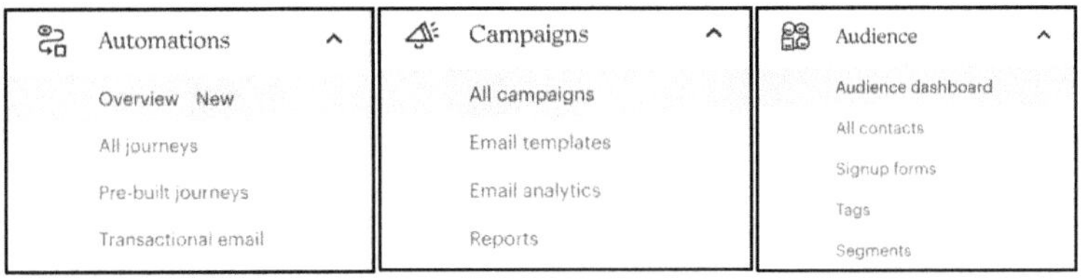

Automations ︿	Campaigns ︿	Audience ︿
Overview New	All campaigns	Audience dashboard
All journeys	Email templates	All contacts
Pre-built journeys	Email analytics	Signup forms
Transactional email	Reports	Tags
		Segments

Mailchimp.com से स्वचालन, अभियान और ऑडियंस उपकरण

सभी emai को वैयक्तिकृत करना सुनिश्चित करेंसमय के साथ खुली दरों को अनुकूलित करने और शरीर के पाठ को संक्षिप्त रखने के लिए एलएस, ए / बी परीक्षण शीर्षक और सामग्री।

चलो अब ब्लॉगिंग पर चलते हैं, जो ठीक से लागू होने पर ईमेल मार्केटिंग की गहराई और पहुंच को आगे बढ़ाने का कार्य करता है।

ब्लॉगिंग

a bलॉग केवल कालानुक्रमिक रूप से आदेशित जानकारी के साथ एक वेबसाइट है, आमतौर पर एक लेख जैसे प्रारूप (लंबे फॉर्म टेक्स्ट) में। वर्तमान में, इंटरनेट पर लगभग 600 मिलियन ब्लॉग मौजूद हैं, जबकि 81% व्यवसाय अपने ब्लॉग को महत्वपूर्ण मानते हैं (हबस्पॉट के रूप में), जबकि छोटे व्यवसाय जो ब्लॉग करते हैं, उन्हें छोटे व्यवसायों की तुलना में 126% अधिक लीड वृद्धि मिलती है जो ब्लॉग नहीं करते हैं (थिंकक्रेटिव के अनुसार)।

ब्लॉगिंग आपकी वेबसाइट को Google और अन्य खोज इंजनों पर उच्च रैंक करने का कार्य करता है, जिसका अर्थ है कि अधिक लोग आपके व्यवसाय की खोज करते हैं। ब्लॉगिंग आपको अपने वर्तमान दर्शकों से जुड़ने की सुविधा भी देता है और अपने ब्रांड को अपने क्षेत्र में एक प्राधिकरण के रूप में रखें।

आप आसानी से अपने वर्डप्रेस वेब पर एक ब्लॉग सेट कर सकते हैं"पृष्ठ" मेनू के भीतर डिफ़ॉल्ट "पोस्ट पृष्ठ" पर जाकर। यह पृष्ठ वास्तव में आपके ब्लॉग पोस्ट के एक फीट लोड करेगा, जिसे आप "पोस्ट" "नया जोड़ें" के माध्यम से वर्डप्रेस के भीतर बना सकते हैं। आप अपने ब्लॉग पेज की भावना को और अनुकूलित करने के लिए एलिमेंटर, सीडप्रोड और ब्लॉग डिजाइनर जैसे प्लगइन्स डाउनलोड कर सकते हैं।

ब्लॉग पोस्ट बनाते समय, शिक्षा-प्रकार की सामग्री पर ध्यान केंद्रित करें अपने व्यवसाय के क्षेत्र के भीतर एक विषय का विवरण। पोस्ट कम से कम एक हजार शब्दों का होना चाहिए, हालांकि एसईओ (खोज इंजन अनुकूलन) के लिए आदर्श लंबाई लगभग 2,000-2,500 शब्द है। इसके अतिरिक्त, सुनिश्चित करें कि पोस्ट पहले वर्णित एसईओ प्लगइन्स की अपनी पसंद के माध्यम से अपने एसईओ को अधिकतम करें।

आपको सप्ताह में कम से कम एक बार अपने ब्लॉग पर एक लेख पोस्ट करना चाहिए। इस प्रकार का काम आसानी से आउटसोर्स किया जाता है- हम अध्याय सात में ऐसा करने की प्रक्रिया की जांच करेंगे। ब्लॉग पोस्ट को

एक न्यूज़लेटर में साझा किया जा सकता है (इस प्रकार ईमेल जुड़ाव को चलाने के लिए सेवा करता है) और अन्य platfor पर सामाजिक खातों मेंसुश्री।

कुछ ब्रांडों पर ध्यान दें जो सफलतापूर्वक अपनी पहुंच का विस्तार करने और ग्राहक जुड़ाव को आगे बढ़ाने के लिए ब्लॉग का उपयोग करें:

Marketing Library   Explore Topics ⌄

Marketing meets inspiration

Browse how-to articles on starting, running, and marketing your business, plus thought-provoking podcasts and films to inspire your inner entrepreneur.

xviii

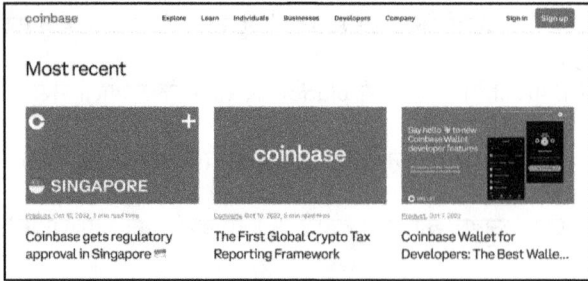
xix

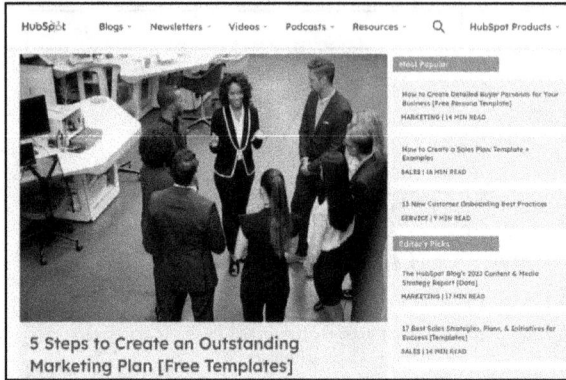
xx

चूंकि ब्लॉग पोस्ट कई लोगों के लिए आपके ब्रांड और व्यवसाय का परिचय होगा, इसलिए सुनिश्चित करें कि मैसेजिंग भव्य ब्रांड पहचान और उत्पाद की पेशकश के अनुरूप है।

Instagram पर बढ़ रहा है

Instagram सामाजिक नेटवर्क का पुराना कुत्ता है। यह फेसबुक के अलावा समूह का सबसे स्थापित है और युवा जनसांख्यिकी के बीच फेसबुक बनाम अनुकूलता में हावी है। जबकि इंस्टाग्राम पिछले कुछ वर्षों में नई सुविधाओं को शामिल कर रहा है जो टिकटॉक (विशेष रूप से रील्स) जैसे युवा ऐप द्वारा शुरू किए गए रुझानों का पता लगाते हैं, ऐप का मुख्य कार्य अभी भी फोटो सामग्री साझा करने के साधन के रूप में है।

हां, तस्वीरों को साझा करने के माध्यम से इंस्टाग्राम पर बढ़ना पिछले कुछ वर्षों में बेहद मुश्किल हो गया है क्योंकि एल्गोरिदम परिवर्तन कार्बनिक सामग्री के अच्छा प्रदर्शन करने की संभावनाओं को नुकसान पहुंचाते हैं।

इंस्टाग्राम "रील्स" इंस्टाग्राम में निर्मित टिकटॉक का एक संस्करण है जो दर्शकों के लिए एक शॉर्ट-फॉर्म वीडियो फीड प्रस्तुत करता है। रील्स कार्बनिक एक्सपोजर प्राप्त करने का सबसे आसान तरीका प्रदान करते हैं। टिकटॉक पर पोस्ट किए गए किसी भी वीडियो को रील (और यूट्यूब शॉर्ट्स, जैसा कि हम बाद में प्राप्त करेंगे) पर भी पोस्ट किया जाना चाहिए, और मैंने पाया है कि मेरे इंस्टाग्राम खातों पर वृद्धि का सुपरमेजॉरिटी अब तस्वीरों पर जैविक पहुंच के विपरीत रीलों से आता है।

दर्शकों को बढ़ाते समय और Instagram के लिए सामग्री बनाते समय, पहले भेदभाव पर विचार करें। आपके व्यवसाय सहित हर जगह में

Instagram पर लाखों खाते हैं। यदि यह मौजूद है, तो कोई शायद पहले से ही इंस्टाग्राम पर किसी आकार या रूप में इसके बारे में पोस्ट कर रहा है। इसका दूसरा पक्ष यह है कि भेदभाव आकर्षक है- जब लोग नई या अनूठी चीजें देखते हैं, तो वे इससे चिपके रहेंगे। इस बारे में सोचें कि आप अपने व्यवसाय के आला के भीतर कैसे अंतर कर सकते हैं।

इसके अतिरिक्त, सभी फ़ोटो में शैली की मानक भावना बनाए रखने के लिए रंग प्रोफ़ाइल का उपयोग करें। यह अपने आप में भेदभाव की अनुमति देता है।

[12]

उन लोगों के लिए जो विकास को गति देने और वास्तविक लोगों तक पहुंचने के लिए एक वैध और प्रभावी तरीका ढूंढ रहे हैं, या यहां तक कि एक खाते और सामग्री में थोड़ा सा बढ़ावा जोड़ने के लिए, इंस्टाग्राम विज्ञापन और पोस्ट प्रचार एक शानदार समाधान हैं। बेशक, उन्हें शुरू करने के लिए कुछ पैसे की

[12] @mentality और @frank_bod

आवश्यकता होती है, लेकिन यदि आप उस राशि को खर्च करने के इच्छुक हैं, तो व्यक्तिगत या व्यावसायिक ब्रांड को तेजी से बढ़ाना असाधारण रूप से मुश्किल नहीं है।

बस एक फेसबुक अकाउंट को अपने इंस्टाग्राम अकाउंट से कनेक्ट करें और अपनी प्रोफ़ाइल पर उस सामग्री को बढ़ावा दें जो आपको लगता है कि आपके ब्रांड का सबसे अच्छा प्रतिनिधित्व करता है। बजट और अवधि सेट करें और प्रचार प्रारंभ करें. यदि आप विशुद्ध रूप से अनुयायियों को प्राप्त करना चाहते हैं, तो अपने समग्र अभियान को कुछ उच्च-रूपांतरण वाली पोस्ट (जिन्हें आप पोस्ट एनालिटिक्स के माध्यम से पहचान सकते हैं) पर केंद्रित करें, जबकि यदि आप चाहते हैं कि अनुयायियों के अलावा बोर्ड पर आपकी पसंद की संख्या बढ़ जाए, तो प्रत्येक नई पोस्ट में या कम से कम पोस्ट की भीड़ में अपने समग्र बजट को विभाजित करें। यदि आपके पास बजट है, तो मैं अपनी विकास रणनीति में प्रचार को जल्दी शामिल करने की सलाह देता हूं- यह 10,000 अनुयायियों को तेजी से हिट करने का एक शानदार तरीका है, उदाहरण के लिए, लेकिन 100k पर होने के बाद इतना अच्छा नहीं है।

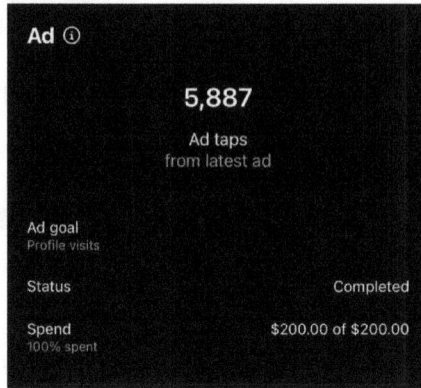

इस $ 200 पोस्ट प्रचार ने लगभग 6,000 प्रोफ़ाइल विज़िट उत्पन्न किए।

इस नोट के लिए, कार्बनिक सामग्री को लंबी अवधि में विज्ञापनों से प्राप्त विकास को प्रभावित करना चाहिए जब तक कि विज्ञापन असामान्य रूप से लाभदायक न हों। इस प्रकृति के विज्ञापन कार्बनिक सामग्री का समर्थन करने और कुछ एल्गोरिथम और सामाजिक निर्माण खामियों (अनुयायियों की संख्या के संदर्भ में) के माध्यम से कूदने के लिए एक पूरक उपाय हैं।

इसके बाद, ध्यान दें कि Instagram स्वचालन में सॉफ्टवेयर होता है जो स्वचालित रूप से पोस्ट पसंद करता है, वीडियो, टिप्पणियां देखता है, और अन्य खातों का अनुसरण करता है। विचार यह है कि लाइक, व्यू या टिप्पणी प्राप्त करने वाला व्यक्ति खाते की जांच करने और इसे फॉलो करने का निर्णय ले सकता है। ऐसा परिणाम केवल 500 व्यस्तताओं में से एक हो सकता है, लेकिन यदि उन कार्यों को प्रति दिन 10,000 बार बॉट द्वारा किया जा सकता है, तो अनुयायी खाते जल्दी से बढ़ सकते हैं (कम से कम शुरू में)। स्वचालन

सेवाओं में कुछ राशि खर्च होती है, प्रति माह 20 या उससे कम डॉलर से लेकर कई सौ तक। वे

लंबे समय में व्यावहारिक रूप से कोई मूल्य नहीं रखते हैं, क्योंकि कार्बनिक सामग्री से विकास हमेशा राजा होता है, लेकिन शून्य से शुरू करते समय वे उपयोगी हो सकते हैं।

Instagram युक्तियाँ और चालें:

- दृश्य प्राप्त करने के लिए सबसे आसान वीडियो लंबाई, मेरे अनुभव में, 20 सेकंड से कम है। 30 के दशक से परे अधिक कठिन हो जाता है, हालांकि यह आपके आला पर निर्भर करता है।

- पहले 3 सेकंड मायने रखते हैं (चारा) और अंतिम 3 सेकंड उतना ही या अधिक (हुक) मायने रखते हैं। यदि आपके पास महान चारा है, तो लोग हुक तक देखेंगे, और यदि हुक बहुत अच्छा है, तो वे फिर से देखेंगे। आपको >100% वॉच टाइम हिट करने के लिए दोनों तत्वों की आवश्यकता होती है, जहां आप वास्तविक दृश्य खींचना शुरू कर सकते हैं।

- दृष्टि से आकर्षक और उच्च ऊर्जा सबसे अच्छा काम करती है जब तक कि उच्च ऊर्जा की कमी कॉमेडिक प्रभाव प्रदान नहीं करती है।

- इससे कोई फर्क नहीं पड़ता कि वीडियो काफी अच्छे हैं (गुणवत्ता सभी को हरा देती है, एक वायरल वीडियो पचास फ्लॉप से बेहतर है), लेकिन प्रति दिन कम से कम एक बार पोस्ट करना खाता शुरू करने के लिए आदर्श है। फिर, हालांकि, यदि वीडियो काफी अच्छे हैं, तो न्यूनतम मात्रा मौजूद नहीं है।

- उत्पादन पाइपलाइन को सरल और स्वचालित करना महत्वपूर्ण है। चुनौतियों का निर्माण करना जिसके लिए आपको दैनिक रूप से पोस्ट करने की आवश्यकता होती है, ऐसा करने और समीकरण से रचनात्मक प्रयास को हटाने का एक आसान तरीका है।

- जब इंस्टाग्राम रील्स की बात आती है, तो पोस्टिंग बकेट एल्गोरिदम में स्तर के अनुरूप होनी चाहिए। कुछ हफ्तों के लिए रुकने से मुझे 50-100 हजार औसत दृश्यों से कई और हफ्तों तक मुश्किल से 10 हजार तक तोड़ने के लिए छोड़ दिया गया। इसके अतिरिक्त

- ध्यान दें कि जब रील की बात आती है तो पसंद और टिप्पणी अनुपात मायने नहीं रखते हैं, जैसा कि इन वीडियो से पता चलता है:

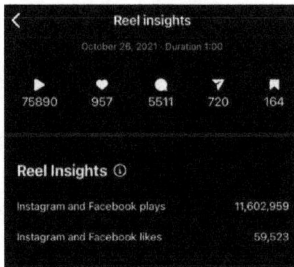

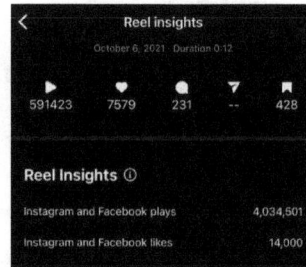

संक्षेप में, इंस्टाग्राम शक्तिशाली सामग्री विकल्पों की एक विस्तृत श्रृंखला प्रस्तुत करता है और इसका समर्थन करने के लिए बड़े पैमाने पर दर्शकों को प्रस्तुत करता है। प्रत्येक व्यवसाय मंच पर अपना घर पा सकता है और पीछा में उपलब्ध उपकरणों का लाभ उठा सकता है

एक मजबूत समुदाय और निचली रेखा।

TikTok पर बढ़ रहा है

सोशल मीडिया के मानक के हिसाब से भी टिकटॉक पागल है। बाइटडांस द्वारा लॉन्च किए गए ऐप ने लॉन्च के 5 वर्षों के भीतर 2.6 बिलियन इंस्टॉलेशन को हिट किया, जिसका मुख्य कारण शॉर्ट-फॉर्म कंटेंट पर इसका पूंजीकरण था, जिसे अन्य प्लेटफार्मों (विशेष रूप से रील्स के माध्यम से इंस्टाग्राम और शॉर्ट्स के माध्यम से यूट्यूब) ने जल्दी से कॉपी करने के लिए स्थानांतरित कर दिया है। टिकटॉक अपने बकेट-आधारित एल्गोरिदम के कारण अद्वितीय था, जो बड़े दर्शकों को बढ़ावा देने से पहले सामग्री का "परीक्षण" करता है। यह लगभग किसी भी वीडियो को व्यवस्थित रूप से वायरल करने की अनुमति देने के उद्देश्य से कार्य करता है, यह मानते हुए कि सगाई शुरू से ही काफी अच्छी है। यह इंस्टाग्राम और यूट्यूब जैसे ऐप्स के एल्गोरिदम के साथ काफी विरोधाभासी है, जिन पर स्क्रैच से शुरू करना कुख्यात रूप से मुश्किल है।

एक बेहद अवसरवादी एल्गोरिदम और एक शॉर्ट-फ्रॉम कंटेंट प्लेटफॉर्म का नकारात्मक पक्ष यह है कि व्यूज कम मायने रखते हैं (जैसे, टिकटॉक पर 100 हजार व्यूज यूट्यूब पर 100 हजार व्यूज के रूप में मूल्यवान नहीं हैं) और अन्य प्लेटफार्मों पर फॉलोइंग को छोड़ना बेहद मुश्किल है (कहते हैं, 100 हजार टिकटॉक फॉलोअर्स में से, सिर्फ 1 हजार इंस्टाग्राम फॉलोअर्स में परिवर्तित हो सकते हैं)। इसलिए, जबकि टिकटॉक पर दस हजार अनुयायियों को शून्य से हिट करना बहुत आसान हो सकता है, उन दस हजार अनुयायियों

का मतलब सच्चे प्रशंसकों और मुद्रीकरण के साधनों के मामले में लगभग उतना नहीं है जितना कि इंस्टाग्राम, यूट्यूब या फेसबुक पर दस हजार अनुयायी हैं।

मेरे अपने अनुभव इन विचारों का उदाहरण देते हैं। मैंने टिकटॉक पर जो पहला वीडियो पोस्ट किया था, उसे इंस्टाग्राम और यूट्यूब पर बिताए गए पिछले दो वर्षों की तुलना में अधिक बार देखा गया था। मैं टिकटॉक पर एक साल में अपने समग्र व्यक्तिगत सोशल मीडिया फॉलोइंग के आकार को 6 गुना करने में सक्षम था, और फिर भी ऑफ-प्लेटफॉर्म पुरस्कार निराशाजनक थे: मुश्किल से कोई क्रॉसओवर और तीन खातों में 40+ मिलियन प्रत्यक्ष दृश्यों के लिए कोई पैसा नहीं कमाया गया, साथ ही रीपोस्ट में दोगुना। इसे ध्यान में रखते हुए, TikTok एक शीर्ष-फ़नल और सामाजिक प्रमाण उपकरण के रूप में बहुत अच्छा है, जबकि TikTok विज्ञापन एक छोटे व्यवसाय को विकसित करने के लिए प्लेटफ़ॉर्म के भीतर एक प्रत्यक्ष अवसर का प्रतिनिधित्व करते हैं।

धीमी वृद्धि के वर्षों के बाद, मैं टिकटॉक के माध्यम से अपने एक्सपोजर और व्यू काउंट को जल्दी से विस्तारित करने में सक्षम था।

मैं तेजी से विकास को ट्रैक करने के लिए उपयोग किए जाने वाले वीडियो प्रारूप के साथ-साथ टिकटॉक के माध्यम से व्यवसाय बढ़ाने के लिए सामान्य सर्वोत्तम प्रथाओं को प्रदान करूंगा।

TikTok पर सफलता दृष्टिकोण के साथ शुरू होती है। TikTok मूल्य प्रदान करने के बारे में है- आप दर्शकों के समय के लिए प्रतिस्पर्धा कर रहे हैं, और वीडियो और संबद्ध खाते जो लगातार सबसे अधिक मूल्य प्रदान करते हैं, दर्शकों से सबसे अधिक समय कैप्चर करते हैं, जो उन वीडियो को व्यापक दर्शकों तक बढ़ावा देता है, इस प्रकार सामग्री रचनाकारों के लिए वायरल, स्नोबॉल जैसे चक्रों को प्रोत्साहित करता है। आपके व्यवसाय के आला के भीतर, दीर्घकालिक सफलता सुनिश्चित करना आपके वीडियो द्वारा प्रदान किए जाने वाले मूल्य और आपके दर्शकों की इच्छा के मूल्य की पहचान करने, ऐसी अंतर्दृष्टि के आधार पर भविष्य के वीडियो को अनुकूलित करने और दोहराने का मामला है। यदि कुछ हिट होता है, तो उसके साथ दौड़ें और उस पर निर्माण करें। यदि ऐसा नहीं होता है, तो नोट्स लें।

टिकटॉक एल्गोरिथम बकेट-आधारित है। बकेट-आधारित एल्गोरिदम सभी को वायरल होने का मौका देते हैं, दर्शकों के आकार पर बड़े पैमाने पर पहुंच के विपरीत। बकेट एल्गोरिथ्म निम्नानुसार काम करता है, हालांकि बहुत अधिक

अमूर्त स्तर पर (उदाहरण के लिए, "बाल्टी" शाब्दिक रूप से परिमाण के क्रम से अलग नहीं होते हैं):

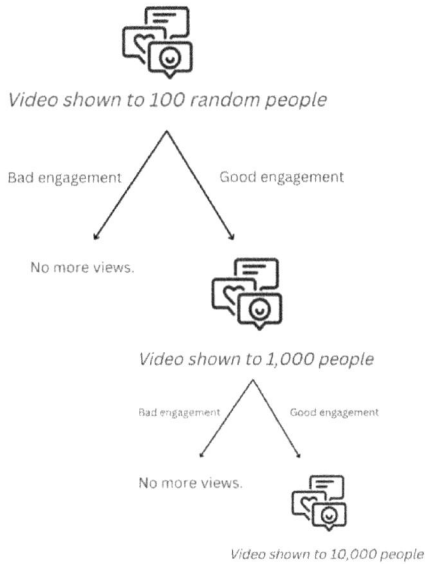

Video shown to 100 random people

Bad engagement   Good engagement

No more views.

Video shown to 1,000 people

Bad engagement   Good engagement

No more views.

Video shown to 10,000 people

प्रत्येक वीडियो एक निश्चित संख्या में लोगों को दिखाया जाता है। इस बात पर निर्भर करता है कि वे लोग दिए गए वीडियो के साथ कैसे जुड़ते हैं, यह अगली बाल्टी में प्रगति कर सकता है या नहीं भी हो सकता है, जिसमें वीडियो को काफी अधिक संख्या में दिखाया जाता है। [13] अजीब मामले को छोड़कर,

---

[13] वे इसे कितनी देर तक देखते हैं, वे इसे कितना पसंद करते हैं, साझा करते हैं और इस पर टिप्पणी करते हैं।

यह तब तक आगे बढ़ता है जब तक कि वीडियो अपनी बाल्टी के भीतर कुछ अधिकतम दृश्यों तक नहीं पहुंच जाता है, जिस बिंदु पर यह बंद हो जाता है। कुछ वीडियो को गति प्राप्त करने में कई दिन लग सकते हैं, और अन्य एक या दो दिन में गायब हो सकते हैं, जैसा कि वायरल वीडियो के मामले में, हफ्तों में होता है। जैसे-जैसे आपकी ऑडियंस बड़ी होती जाती है और आप अधिक वीडियो पोस्ट करते हैं, आपका खाता एल्गोरिदम में ऊपर जाता है, और आपके वीडियो को उच्च बाल्टी में गिरने की गारंटी होती है। यही कारण है कि बड़े रचनाकारों को लाखों दृश्य मिलते हैं, इससे कोई फर्क नहीं पड़ता कि वे क्या पोस्ट करते हैं: एक अर्थ में, वे ग्रेडिंग प्रक्रिया को छोड़ने में सक्षम हैं।[14] वीडियो पोस्ट करते समय, आप देखेंगे कि वे अक्सर जल्दी से पर्याप्त संख्या में दृश्य प्राप्त करेंगे, फिर प्राप्त करना बंद कर देंगे, फिर आगे की तारीख पर फिर से शुरू करेंगे। कभी-कभी, उच्च-विकास अवधि के बीच का अंतराल केवल मिनट या घंटे होता है, जबकि कभी-कभी यह अंतर दिन या लंबाई में सप्ताह भी हो सकता है। जैसे-जैसे बाल्टी बड़ी होती जाती है, बाल्टी को भरने में लगने वाला समय बढ़ता जाता है, जिसका अर्थ है कि कुछ सौ से कुछ हजार दृश्यों तक पहुंचने वाला वीडियो कुछ ही घंटों में उस तक पहुंच सकता है, जबकि आधा मिलियन से पांच मिलियन तक जाने वाला वीडियो दिनों या हफ्तों में उस

---

[14] यह सही है, क्योंकि उन्होंने एक एल्गोरिथम अर्थ से अतीत में खुद को साबित किया है

वृद्धि को और अधिक समान रूप से बढ़ा सकता है। तो, आपके TikTok खाते और रणनीति के लिए इसका क्या मतलब है?

सबसे पहले, ध्यान दें कि अधिक दृश्य खींचना आसान हो जाता है क्योंकि आप बड़े हो जाते हैं क्योंकि टिकटॉक एल्गोरिदम काफी हद तक टियर-आधारित सिस्टम में एक निश्चित स्थान पर एक खाते पर सभी वीडियो की गारंटी देता है। यह न तो एक कठिन नियम है और न ही एक जिस पर ध्यान केंद्रित किया जाना चाहिए। इसके बजाय, सबसे अच्छे वीडियो बनाने की कोशिश करते रहें, और अंततः खाते की रोटी और मक्खन को उन वीडियो में मिलाएं जो दर्शक अभी भी संलग्न होंगे (क्योंकि, ऐसे बिंदु पर, आपने एक ब्रांड विकसित किया है जिसे लोग परवाह किए बिना देखेंगे) लेकिन मुख्य्य विकास ड्राइवरों की तुलना में बहुत कम प्रयास की आवश्यकता होती है। फिर भी, जैसा कि कहावत है, मुख्य्य बात को मुख्य्य बात रखें, और याद रखें कि शुरू में महान वीडियो बनाना, और उनमें से बहुत सारे, बकेट एल्गोरिदम में त्वरित वृद्धि सुनिश्चित करने के लिए आवश्यक है।

इन अवधारणाओं का आपके टिकटॉक अकाउंट और वीडियो रणनीति को प्रभावित करने का दूसरा तरीका यह है कि वीडियो एनालिटिक्स में छोटा सुधार, मुख्य्य रूप से औसत वॉच टाइम और वॉच-फुल-वीडियो प्रतिशत, बड़े पैमाने पर परिणाम देता है, और इसके विपरीत। यह सिर्फ बयानबाजी, या कुछ नैतिक मानक-अनुकूलन मामले नहीं हैं, और इस बिंदु को स्पष्ट करने के लिए मेरे खाते पर दो वास्तविक वीडियो से विश्लेषण हैं:

476,000 views

10.5/11 s AWT (औसत निगरानी समय)

54.5% डब्ल्यूएफवी (पूरा वीडियो देखा)

Video performance			
Total time watched	Average time watched	Watched full video	Reached Audience
1437h:27m:13s	10.6s	54.5%	439.3K
+1.6m (+0.01%) ↑	+0.0s (+0%)	0% (-0.01%) ↓	+10 (+0.01%) ↑

5.2 मिलियन दृश्य

11.9/11s AWT

56.3% डब्ल्यूएफवी

Video performance			
Total time watched	Average time watched	Watched full video	Reached Audience
17353h:18m:25s	11.9s	56.3%	4.6M
+11.7m (+0.01%) ↑	+0.0s (+0%)	0% (-0.01%) ↓	+27 (+0.01%) ↑

दूसरे वीडियो को सगाई में 5-10% के अंतर से 10 गुना अधिक एक्सपोजर मिला। इस तरह की स्थितियां हर जगह मौजूद हैं- जबकि समय के साथ किसी खाते पर सभी वीडियो एल्गोरिदमिक रूप से एक निश्चित न्यूनतम दृश्य गणना को हिट करने की संभावना रखते हैं, नियमित रूप से उस मानक और वायरलिटी से परे सफलता प्राप्त करना नीचे की रेखा के बारे में है: छोटे सुधार, संयोजित, बड़े पैमाने पर परिणाम देना।

यहां टेकअवे यह होना चाहिए कि विकास सुनिश्चित करने के लिए अनुकूलन और पुनरावृत्ति की सचेत खोज आवश्यक है, और एक बार वायरल

प्रारूप मिल जाने के बाद, इसे इसके सभी मूल्य के लिए तैयार किया जाना चाहिए। वास्तव में, मामले का दिल, और उपरोक्त के संबंध में मुख्य अवधारणा, मूल्य है और समय के साथ दर्शकों की इच्छाओं को पूरा करने के लिए सामग्री को अनुकूलित करने की क्षमता है।

टिकटॉक के साथ-साथ सभी सोशल कंटेंट प्लेटफॉर्म पर सफलता इस सवाल पर आती है कि कोई वीडियो क्यों देखता है। मैं इसे ई एंड ई नियम पर आने के रूप में देखता हूं: मनोरंजन बनाम शिक्षा। सभी मीडिया सामग्री दो स्पेक्ट्रम पर मौजूद है, एक मनोरंजन मूल्य का, और एक शैक्षिक मूल्य का। आपके वीडियो द्वारा प्रदान किए जाने वाले मूल्य की पहचान करना यह पहचानना है कि ई एंड ई स्पेक्ट्रम पर एक वीडियो और आला कहां मौजूद है और फिर यह सवाल पूछना: क्या यह आपके आला में दुनिया की सर्वश्रेष्ठ सामग्री के सापेक्ष पर्याप्त ई एंड ई प्रदान करता है, या आपके व्यावसायिक प्रतियोगियों के सापेक्ष? यदि नहीं- यदि आपके वीडियो अधिक या अधिक शिक्षा, मनोरंजन या दोनों के कुछ संयोजन प्रदान नहीं करते हैं, तो आपके आला, समग्र और सफलता में दुनिया के सर्वश्रेष्ठ वीडियो की संभावना नहीं है।

शुक्र है, इसके आसपास एक रास्ता है- मैंने अनिवार्य रूप से कहा है कि सोशल मीडिया पर सफलता बेहद मुश्किल है यदि आप किसी चीज में सर्वश्रेष्ठ नहीं हैं। वैकल्पिक रूप से, आप बस अपना खुद का स्थान बना सकते हैं- इस तरह, उस आला में दुनिया में सबसे अधिक मनोरंजन मूल्य या सबसे

अधिक शैक्षिक मूल्य प्रदान करना बहुत आसान है, क्योंकि आप सचमुच उस तरह से ऐसा करने वाले एकमात्र व्यक्ति हैं। अनिवार्य रूप से, आप बार को कम कर रहे हैं, और आश्चर्य के मूल्य में मिश्रण कर रहे हैं। इसलिए, जबकि सफलता निश्चित रूप से प्रतियोगिता को हराकर संभव हो जाती है, टिकाऊ सफलता सबसे आसानी से ऐसी सामग्री बनाकर प्राप्त की जाती है जिसमें कोई प्रतिस्पर्धा नहीं होती है।

जिस जगह पर मैंने अपना व्यक्तिगत ब्रांड और व्यवसाय बनाया है- सोशल मीडिया पर लाखों फिटनेस निर्माता हैं, जिनमें से अधिकांश वीडियो उत्पादन में मेरी तुलना में अधिक जानकार, मजबूत, बेहतर दिखने वाले या बेहतर थे। उनके खिलाफ प्रतिस्पर्धा करने की कोशिश करने के विपरीत, मैंने बस फिटनेस के क्षेत्र में कुछ ऐसा करने का फैसला किया जो कोई और नहीं कर रहा था जिस तरह से मैं कर रहा था। वह बात फिटनेस चुनौतियां थीं- यह पता चला कि पहली बार जब मैंने एक चुनौती की, तो मैंने केवल एक महीने में कई मिलियन व्यूज और हजारों अनुयायियों को आकर्षित किया। एक पुराने में प्रतिस्पर्धा करने के विपरीत एक नया स्थान बनाकर, मैं तुरंत अद्वितीय हो गया, शॉक वैल्यू की पेशकश की, और उन लोगों को हरा दिया, जो कागज पर, हर तरह से मेरे लिए बेहतर सोशल मीडिया निर्माता थे।

सभी ने कहा, मैं कुछ विशिष्ट सर्वोत्तम प्रथाओं में जाना चाहता हूं जो मैंने टिकटॉक पर पिछले कुछ वर्षों में सीखा है:

- जैसे अनुपात काफी हद तक अप्रासंगिक हैं।

- शेयर और टिप्पणी अनुपात काफी हद तक अप्रासंगिक हैं।

- हैशटैग ज्यादातर अप्रासंगिक होते हैं, खासकर यदि आपके पास दर्शक हैं। ध्यान दें कि TikTok व्यावहारिक रूप से आपके लिए हैशटैग करता है जब वे आपके दर्शकों का पता लगा लेते हैं, इसलिए हैशटैग वास्तव में आवश्यक नहीं हैं। जब आप शुरू कर रहे हों तो बस 2-3 प्रति वीडियो का उपयोग करें, और जब आपके पास कम से कम 10 हजार अनुयायी हों, एक स्थापित स्थान हो, और ठोस दृश्य गणना हो तो आप उन्हें हटा दें।

मेरे एक व्यावसायिक इंस्टाग्राम पेज से केस स्टडी जिसमें कोई पूर्व स्थापित दर्शक (800 या उससे अधिक अनुयायी) नहीं हैं:

11.5 मिलियन व्यूज, 59.3 हजार लाइक।
4.0 मिलियन दृश्य, 235 टिप्पणियाँ.

इस पृष्ठ पर पसंद और टिप्पणी अनुपात अविश्वसनीय रूप से खराब थे- फिर भी, सिर्फ देखने के समय के आधार पर, वीडियो अच्छा प्रदर्शन करने में सक्षम थे। मैं इसे फिर से कहूंगा: वॉच टाइम प्राथमिकता देने के लिए अंत-सभी मीट्रिक है। इसके बाद, सामान्य TikTok मैट्रिक्स पर ध्यान दें:

- पूर्ण वीडियो (डब्ल्यूएफवी): - सामान्य रूप से 50%, 60-70% यदि छोटा हो।

- औसत वॉच टाइम (AWT): - 15 सेकंड से कम होने पर >100%, >10 सेकंड से कम होने पर 125%। न्यूनतम - 75%

ये संख्याएं, मेरे अनुभव में, कुछ लाख दृश्यों तक कुछ सौ हजार दृश्यों की सीमा के भीतर प्रदर्शन करती हैं, निम्नानुसार:

लंबाई: 6 सेकंड

Video performance

Total time watched	Average time watched	Watched full video	Reached Audience
2311h:53m:31s	9.0s	69%	842.6K

लंबाई: 9 सेकंड

Video performance

Total time watched	Average time watched	Watched full video	Reached Audience
12178h:41m:0s	12.1s	69.5%	3.3M

लंबाई: 17 सेकंड

Video performance

Total time watched	Average time watched	Watched full video	Reached Audience
18583h:12m:12s	16.0s	59.3%	3.9M

फेसबुक पर बढ़ रहा है

पुराने जनसांख्यिकी के बीच लोकप्रिय सर्वोत्कृष्ट सोशल मीडिया प्लेटफॉर्म के रूप में, समुदाय पर केंद्रित एक का उल्लेख नहीं करने के लिए, फेसबुक पर उपस्थिति विकसित करना न केवल आपके समुदाय में ग्राहकों तक पहुंचने के लिए बल्कि फेसबुक के 2.9 बिलियन उपयोगकर्ताओं में से अधिक से अधिक तक पहुंचने के लिए आवश्यक है।

सामाजिक उपस्थिति अनुभाग के अनुसार, आपको वर्तमान में एक भरा हुआ फेसबुक बिजनेस प्रोफाइल है।

एक अनुकूलित प्रोफ़ाइल से परे, Facebook पर ऑडियंस बनाना सामग्री बनाने और साझा करने, अपने दर्शकों के साथ जुड़ने और विज्ञापन चलाने तक निर्भर करता है. किसी पेज को बढ़ाने में विज्ञापन एक आवश्यकता नहीं हैं, लेकिन फेसबुक हाल के वर्षों में अपने एल्गोरिदम को कार्बनिक सामग्री को बढ़ावा देने से दूर ले जा रहा है, क्योंकि फेसबुक पोस्ट की औसत जैविक पहुंच अब पेज की कुल पसंद का लगभग 5% है (जिसका अर्थ है कि बहुत कम अनुयायी व्यवस्थित रूप से आपके द्वारा पोस्ट की गई सामग्री को देखते हैं)।

जब आप अपना पृष्ठ प्रारंभ करते हैं, तो प्रारंभिक ऑडियंस बनाने के लिए अपने मौजूदा समुदाय और कनेक्शन का लाभ उठाएं. उदाहरण के लिए, यदि आपके पास कोई भौतिक स्थान है, तो नियमित ग्राहकों को फेसबुक पर आपका अनुसरण करने के लिए कहें, या दोस्तों से भी यही पूछें। लगे हुए ग्राहकों

और दोस्तों का एक शुरुआती सर्कल जैविक पहुंच के मामले में एक लंबा रास्ता तय कर सकता है।

फिर, एक मजबूत सामग्री पाइपलाइन स्थापित करने पर ध्यान केंद्रित करें। आपको प्रति दिन कम से कम एक बार पोस्ट करना चाहिए (इसके लिए लक्ष्य रखें, लेकिन याद रखें कि गुणवत्ता मात्रा पर जीतती है) और प्रति दिन अधिकतम दो बार। कुल मिलाकर, सामग्री व्यावसायिक अपडेट, प्रासंगिक युक्तियों और सुझावों, भागीदार, ग्राहक, या सामुदायिक प्रोफाइल, रुचियों, पुनः साझा की गई सामग्री, और जो कुछ भी व्यवसाय या लक्षित दर्शकों के लिए प्रासंगिक है (आदर्श रूप से, यह व्यवसाय के लिए प्रासंगिक है और लक्षित दर्शकों के लिए आकर्षक है) का कुछ मिश्रण होना चाहिए। यह सामग्री फ़ोटो, वीडियो और टेक्स्ट-मल्टी-मीडिया पोस्ट का कुछ मिश्रण होना चाहिए, जैसे कि हेडर छवि और वॉकथ्रू वीडियो के साथ एक लेख, आमतौर पर किसी भी एकल मीडिया प्रकार के मुकाबले सबसे अच्छा प्रदर्शन करता है। सामग्री निर्माण के लिए सर्वोत्तम प्रथाओं का पालन करें, जैसे कि मजबूत शीर्षक, आकर्षक दृश्य, और लक्षित (तीन से अधिक नहीं) हैशटैग। जुड़ाव को अधिकतम करने के लिए आपको जिस समय को पोस्ट करना चाहिए उसे समायोजित करने के लिए समय के साथ एनालिटिक्स का उपयोग करें।

हम इंफ्लुएंसर मार्केटिंग का आगे पता लगाएंगे- इसे फेसबुक के साथ-साथ हर दूसरे सोशल प्लेटफॉर्म पर दर्शकों के निर्माण के लिए एक बेहद मूल्यवान उपकरण के रूप में ध्यान में रखें।

यदि आप भौतिक स्थान वाले व्यवसाय हैं, तो अपने स्थानीय समुदाय के आसपास स्तर की सामग्री बनाने पर ध्यान केंद्रित करें। किसी विशिष्ट विषय के आसपास ग्राहकों के साथ जुड़ने के लिए समुदाय समूहों में शामिल हों और बनाएं (उदाहरण के लिए, प्रत्येक भौतिक स्थान, एक वार्षिक घटना, या एक व्यावसायिक ऊर्ध्वाधर के लिए एक समूह बनाया जा सकता है)। स्थानीय ईवेंट होस्ट करना और अपने फेसबुक पेज का विज्ञापन करना स्थानीय ऑडियंस बनाने का एक शानदार तरीका है, साथ ही साथ फेसबुक विज्ञापनों के माध्यम से सीधे आपके स्थानीय समुदाय को विज्ञापन देना भी है।

यदि आपके व्यवसाय का कोई समर्पित भौतिक स्थान नहीं है या यह पूरी तरह से ऑनलाइन संचालित होता है, तो उसी लोकाचार का पालन करें- अपने लक्षित दर्शकों के साथ जुड़ने के लिए समूह बनाएं और शामिल हों, और इसे नियमित सामग्री के साथ अनुसरण करें जो लक्षित दर्शकों को अपील करती है।

किसी भी प्रकार के व्यवसाय के लिए, लिंक पोस्ट सुविधा का उपयोग करना सुनिश्चित करें, जबकि आप पोस्ट बनाएं बॉक्स में एक यूआरएल पेस्ट कर सकते हैं और फेसबुक लिंक का पूर्वावलोकन साझा करेगा। फेसबुक कहानियों का भी उपयोग करें, जैसे आप इंस्टाग्राम स्टोरीज का उपयोग करते हैं, एक उच्च प्रयास वाली पोस्ट साझा किए बिना नियमित रूप से अपने अनुयायियों के साथ जुड़ने के साधन के रूप में। नियमित रूप से अपने फेसबुक

पेज के शीर्ष पर शीर्ष प्रदर्शन या अत्यधिक प्रासंगिक पोस्ट पिन करें और कर्मचारियों या दोस्तों को सामग्री को फिर से साझा करने के लिए प्रोत्साहित करें।

अपनी सामग्री के साथ-साथ उनके दर्शकों के साथ जुड़ना सुनिश्चित करें, और नियमित रूप से अपने ब्रांड के साथ जुड़ने, प्रतिक्रिया और सुझाव देने और छूट, पुरस्कार या प्रशंसा प्राप्त करने के अवसर प्रदान करें।

आइए कुछ छोटे व्यवसायों को देखें जो फेसबुक पर दर्शकों और ग्राहक आधार को प्रभावी ढंग से बढ़ा रहे हैं:

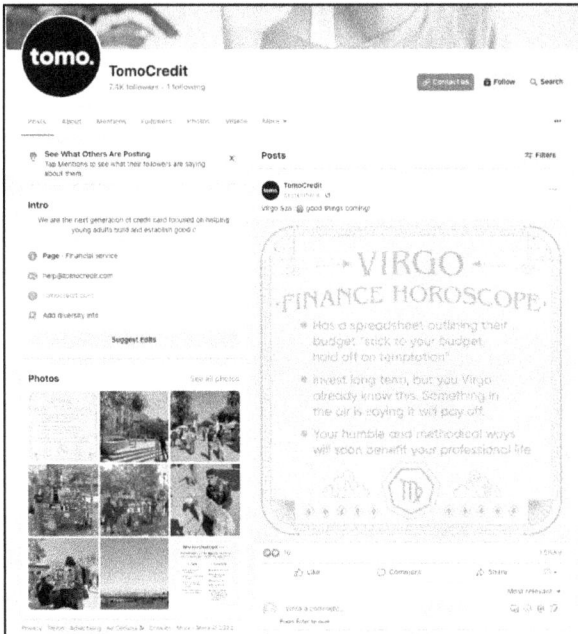

[xxi]

आकर्षक सामग्री और साझा की गई तस्वीरों की भीड़ पर ध्यान दें।

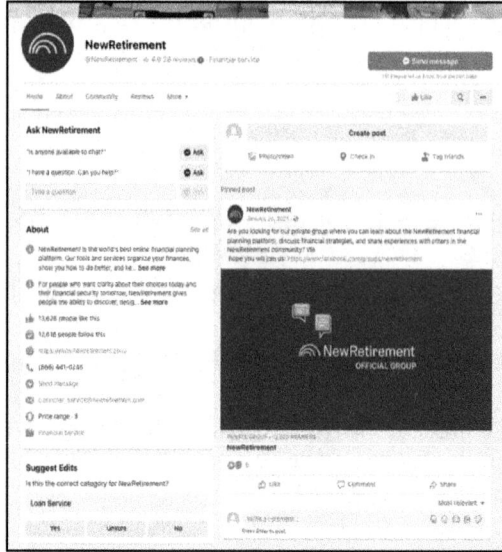

ध्यान दें कि @NewRetirement उपयोगकर्ताओं को सीधे संदेशकर्ता पर प्रश्न पूछने और प्रासंगिक कॉल-टू-एक्शन पोस्ट को पिन करने देता है।

YouTube पर बढ़ रहा है

YouTube पहले खोजे गए प्लेटफार्मों से अलग है कि यह पूरी तरह से एक अलग माध्यम पर केंद्रित है: लंबे समय तक वीडियो। वीडियो सामग्री के अन्य रूपों की तुलना में निपटने के लिए एक अलग जानवर है क्योंकि इसके काम के आसपास जाने का कोई तरीका नहीं है; दिन के अंत में, कोई भी आपके व्यवसाय के बारे में एक अच्छा वीडियो नकली नहीं कर सकता है। ट्वीट्स, लेखों या वेबसाइट डिज़ाइन के बारे में भी ऐसा नहीं कहा जा सकता है।

इसलिए, यूट्यूब इन कारणों से मुश्किल है, लेकिन नुकसान बहुत अधिक हैं-2 बिलियन अद्वितीय लोग हर महीने वेबसाइट का उपयोग करते हैं (Google.com के बाद दूसरे स्थान पर), 80% अमेरिकी विपणक आश्वस्त हैं कि YouTube वीडियो अच्छी तरह से परिवर्तित होते हैं, और YouTube दर्शकों के 70% का कहना है कि उन्होंने YouTube विज्ञापन में इसके बारे में जानने के बाद एक उत्पाद खरीदा है। यह सिर्फ विज्ञापनों के माध्यम से खरीदे गए उत्पादों के लिए है - सफल YouTube चैनलों वाले व्यवसायों और रचनाकारों के लिए, व्यस्त प्रशंसक जल्दी से वफादार और दीर्घकालिक ग्राहकों में बदल जाते हैं। वास्तव में, लोग वीडियो के माध्यम से उपभोग किए गए संदेश का 95% बनाम पाठ में पढ़ते समय 10% बनाए रखते हैं, और यह घटना सीधे ब्रांड प्रतिधारण और प्रभाव में अनुवाद करती है।

इसलिए, जबकि व्यवसायों के लिए अधिकांश अन्य सोशल प्लेटफार्मों के सापेक्ष YouTube पर फॉलोइंग बनाना शुरू में अधिक कठिन है, प्रति-अनुयायी पर सफलता का नुकसान होता है आधार अन्य प्लेटफार्मों से आगे निकल गया।

अधिकांश व्यवसाय जो YouTube पर सामग्री बनाते हैं, वे शैक्षिक सामग्री बनाकर अपने स्थानों में अधिकारियों के रूप में खुद को स्थापित करते हैं। कई लोग अपने प्लेटफ़ॉर्म का उपयोग करने, संस्थापकों और टीम के सदस्यों के साथ साक्षात्कार, उद्योग समाचार और घटना कवरेज का विवरण देते हुए वीडियो भी पोस्ट करते हैं।

इन व्यवसायों पर ध्यान दें, जिनमें से सभी प्रभावी रूप से ऐसी सामग्री बना रहे हैं जो दर्शकों को उनके उत्पादों और सेवाओं की ओर ले जाती है:

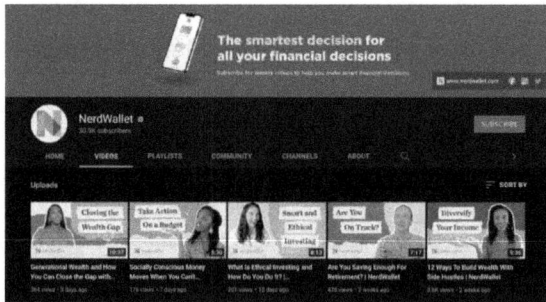

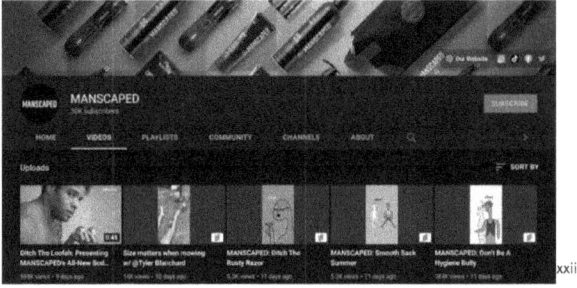

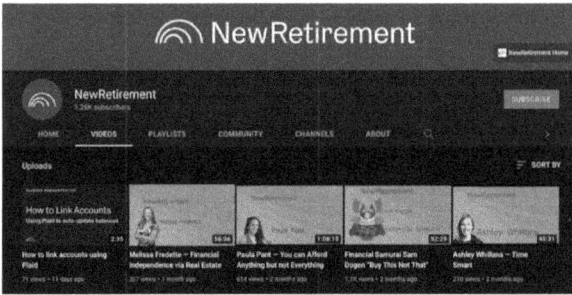

मैनस्केप्ड द्वारा यूट्यूब शॉर्ट्स के उपयोग, नेडवॉलेट द्वारा मजबूत बैनर और न्यूरिटायरमेंट द्वारा लंबी फॉर्म सामग्री का उपयोग नोट करें।

इसलिए, अपने व्यवसाय के लिए YouTube के बारे में जाते समय, उस सामग्री के प्रकार के बारे में सोचें जिसे आप अपने आला के भीतर बनाना चाहते हैं: क्या आपके ग्राहकों द्वारा सामना किए जाने वाले ज्ञान में कोई अंतर है? आपके, आपकी टीम और आपके व्यवसाय में मौजूद असममित ज्ञान क्या है जो आपको वह करने देता है जो आप करते हैं, और आप इसे YouTube पर दर्शकों के लिए कैसे पैकेज कर सकते हैं? ये प्रश्न YouTube पर आपकी पहचान और सामग्री रणनीति को परिभाषित करेंगे।

मैंने हमेशा इसे तुरंत उपयोगी पाया है एक चैनल अवधारणा के साथ आने के तुरंत बाद वीडियो के लिए विचारों का एक समूह लिखें। प्रारंभ में मजबूत हुक वाले वीडियो पर ध्यान केंद्रित करें (इसलिए वे YouTube विज्ञापनों के रूप में अच्छा प्रदर्शन करेंगे) या वीडियो जो आप जानते हैं कि आपके समुदाय या पेशेवर सर्कल के भीतर अच्छी तरह से गूंजेंगे।

इस विषय पर रहते हुए, YouTube विज्ञापन एक्सपोजर बढ़ाने और शुरुआत में एक चैनल बढ़ाने के लिए एक शक्तिशाली और लागत प्रभावी उपकरण हो सकते हैं। YouTube विज्ञापनों पर प्रति दृश्य औसत लागत (CPV) क्या है? सिर्फ $ 0.026 (हालांकि मैंने इसे $ 0.01 से कम कर दिया है)। इसका मतलब है, अनिवार्य रूप से, आप अपने वीडियो के कम से कम 30 सेकंड देखने के लिए एक वास्तविक व्यक्ति के लिए 1 प्रतिशत का भुगतान कर सकते हैं। यह 1,000 दृश्यों के लिए $ 10 और 100,000 दृश्यों के लिए $ 1,000 के बराबर है। बल्ले से बाहर, इस प्रकार के विज्ञापन खर्च में कुछ सौ डॉलर डालना एक नए चैनल के लिए चमत्कार कर सकता है।

संक्षेप में, YouTube पर बढ़ना उन वीडियो को डालने के बारे में है जिन्हें लोग देखते हैं। ये तत्व निर्धारित करते हैं कि वीडियो कितने देखने योग्य हैं, और इस प्रकार वे कितना अच्छा प्रदर्शन करते हैं:

गुणवत्ता - उचित बिजली, गुणवत्ता ऑडियो और ध्वनि डिजाइन, पंची संपादन, और स्वच्छ शॉट संरचनाएं सब कुछ नहीं हैं, लेकिन वे निश्चित रूप से मदद

करते हैं। हालांकि वीडियो के प्रकार पर निर्भर करते हुए, एक अच्छा कैमरा, माइक सेट और फिल्म के लिए जगह (कभी-कभी एक हरी स्क्रीन चीजों को आसान बनाती है, या शायद आप वॉयसओवर के साथ ग्राफिक्स-केवल सामग्री का विकल्प चुनेंगे) आमतौर पर आवश्यक है।

Intro - औसतन, लगभग एक चौथाई दर्शक, अपने पहले दस सेकंड के भीतर एक वीडियो छोड़ देते हैं। इसलिए, चिपचिपा इंट्रो बनाने पर ध्यान दें।

लंबाई - लोग बहुत लंबे वीडियो नहीं चाहते हैं: यूट्यूब होमपेज पर एक वीडियो की औसत लंबाई लगभग 14 मिनट है। वॉच टाइम को अधिकतम करने में रुचि को देखते हुए संक्षिप्तता के पक्ष में गलती करना लगभग हमेशा बेहतर होता है। 50% या उससे अधिक के दर्शक प्रतिधारण (एपीवी) का लक्ष्य रखें, जैसा कि एपीआई में असमानता और परिणामस्वरूप नीचे दिए गए वीडियो की दृश्य गणना से स्पष्ट है।

Average percentage viewed	Views	Impressions	Impressions click-through rate
47.3%	**14,686**	**213,790**	**4.5%**

Average percentage viewed	Views	Impressions	Impressions click-through rate
57.0%	**5,684,773** 496.0K – 803.0K	**116,094,388**	**3.8%**

Average percentage viewed	Views	Impressions	Impressions click-through rate
54.7%	**6,731,966** 531.0K – 1.1M	**127,743,848**	**4.1%**

xxv

शीर्षक और थंबनाई। - आपके थंबनेल हैं कि आप अपना परिचय कैसे देते हैं, और पहला इंप्रेशन आखिरी है। थंबनेल डिज़ाइन का उद्देश्य वीडियो अवधारणा (झूठ बोलने के बिना) को सबसे पेचीदा, आई-मस्ट-क्लिक-यू लाइट में प्रस्तुत करना है।

थंबनेल की तरह, शीर्षक पहले तरीकों में से एक हैं जिसमें एक संभावित दर्शक आपके वीडियो के साथ बातचीत करेगा। शीर्षक वीडियो के उद्देश्य पर वापस आते हैं: आपके द्वारा बनाई जा रही सामग्री का अतिव्यापी विषय क्या है, और आप किस तक पहुंचने की कोशिश कर रहे हैं? यदि आप मनोरंजन-केंद्रित वीडियो के साथ जेनजेड दर्शकों तक पहुंचने की कोशिश कर रहे हैं, उदाहरण के लिए, शीर्षकों को साझा लिंगो का उपयोग करना चाहिए और अनौपचारिक महसूस करना चाहिए। फिर भी, यदि आप वयस्क दर्शकों के लिए उन्नत ट्यूटोरियल बना रहे हैं, तो आप अधिक सीधे-से-बिंदु या संरचित शीर्षक का विकल्प चुन सकते हैं। इस तरह, हमेशा शीर्षक को वीडियो में क्यूरेट करने की कोशिश करें, और सुनिश्चित करें कि शीर्षक और थंबनेल के संदेश मेल खाते हैं।

How viewers find this video ▲
Views · Since published

Suggested videos	61.0%
Browse features	27.7%
YouTube search	8.2%
Other YouTube features	1.3%
Direct or unknown	0.6%
Others	1.2%

SEE MORE

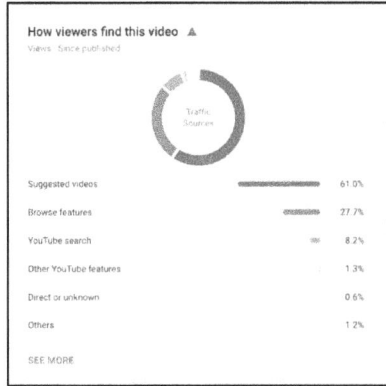

थंबनेल का महत्व पिछली छवि से स्पष्ट है, क्योंकि अधिकांश दृश्य सुझाए गए वीडियो और ब्राउज़ सुविधाओं से प्राप्त होते हैं, जिनमें से प्रत्येक केवल अपने थंबनेल और शीर्षक के माध्यम से वीडियो प्रदर्शित करता है।

एक शीर्षक के भीतर, एक हुक, कीवर्ड और संख्याओं को शामिल करने, तात्कालिकता पैदा करने, प्रदान किए जा रहे समाधान या मूल्य को स्पष्ट रूप से परिभाषित करने और भावनात्मक शब्दों का उपयोग करने के बारे में सोचें। निम्नलिखित शीर्षकों में इन तत्वों पर ध्यान दें:

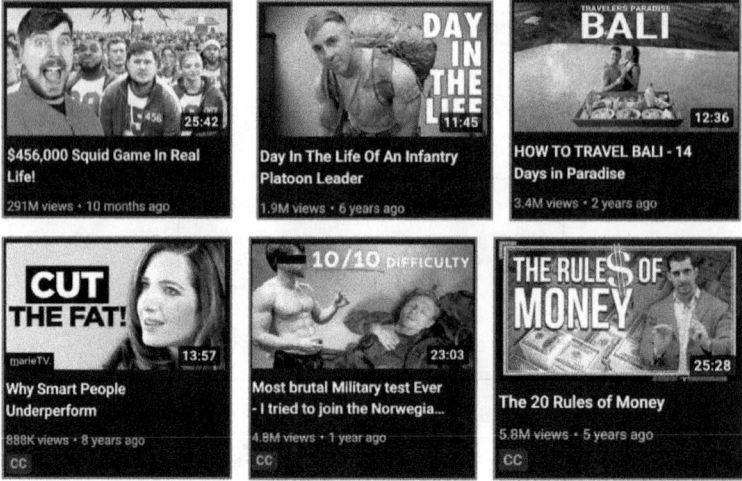

xxvi

एक. शीर्षक एक सवाल पूछता है जो लोगों के एक बड़े हिस्से को अपील करता है जबकि थंबनेल वीडियो की अवधारणा और संरचना को और मजबूत करता है।

दो. शीर्षक एक सामान्य प्रोत्साहन के माध्यम से सभी को अपील करता है। कई भाग गहराई का अनुमान लगाते हैं।

तीन. एक दिलचस्प प्रश्न एक थंबनेल द्वारा समर्थित है जो स्पीकर की पेशेवर प्रकृति की ओर इशारा करता है और इसलिए, वीडियो।

चार. वीडियो अवधारणा एक तत्कालीन-वर्तमान प्रवृत्ति पर आधारित है, जबकि डॉलर मूल्य का अनुमान है कि अवधारणा को खींच लिया गया है (उदाहरण के लिए, न केवल क्लिकबैट)।

पाँच. स्पष्ट शीर्षक नवीनता प्रस्तुत करता है, जबकि सरल थंबनेल अवधारणा को मजबूत करता है।

छः. मूल्य प्रस्ताव बहुत स्पष्ट है, एक संख्या शामिल है, और थंबनेल नेत्रहीन आश्चर्यजनक है।

सात. शीर्षक पाठ उन लोगों को आकर्षित करता है जो खुद को स्मार्ट (निर्माता के लक्षित दर्शक) के रूप में मानते हैं और थंबनेल में पाठ के माध्यम से साज़िश बढ़ जाती है।

आठ. प्रासंगिक कीवर्ड को शीर्षक के पिछले आधे हिस्से में रखा गया है, जबकि पहला आधा (और थंबनेल) नवीनता को इंगित करता है।

नौ. सूट और अच्छी तरह से डिजाइन किए गए थंबनेल के माध्यम से सामाजिक प्रमाण का अनुमान लगाया जाता है।

खोजशब्दों। प्रत्येक वीडियो के "टैग" अनुभाग में लगभग दस अर्ध-विशिष्ट कीवर्ड का उपयोग करें। ध्यान दें कि YouTube कहता है "टैग दर्शकों को आपके वीडियो को खोजने में मदद करने में न्यूनतम भूमिका निभाते हैं"-फिर भी, खासकर जब सिर्फ शुरुआत करते हैं, तो ये कीवर्ड एल्गोरिदम समूह और रैंक सामग्री की मदद करते हैं। नीचे दी गई छवि में, वीडियो के विषय के सापेक्ष कीवर्ड की विशिष्टता को ध्यान में रखें (जो 2000-स्क्वाट चुनौती है)।

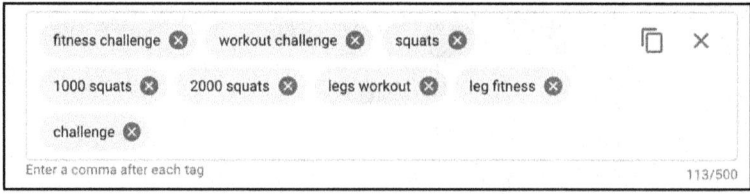

मूल्य। पहले वर्णित सभी तत्व महत्वपूर्ण हैं। आखिरकार, प्रत्येक एक इष्टतम तरीके से वीडियो पैकेजिंग के बारे में है। सबसे ज्यादा मायने रखने वाली बात वीडियो ही है- सभी सामाजिक सामग्री के साथ, लोगों के चारों ओर चिपके रहने की मात्रा अनिवार्य रूप से आपके द्वारा प्रदान किए जाने वाले मूल्य की मात्रा के साथ सहसंबंधित होगी, चाहे वह शिक्षा, मनोरंजन या दोनों का कोई रूप हो (इससे कोई फर्क नहीं पड़ता कि थंबनेल, शीर्षक या इंट्रो कितना महान है)। संक्षेप में, हमेशा दर्शकों की इच्छाओं और जरूरतों के साथ नेतृत्व करें। यदि आप मूल्य प्रदान करते हैं, तो आप जीतेंगे।

इस प्रकार, हमने सामग्री विचारधारा और एक महान वीडियो बनाने के तरीके का पता लगाया है। आइए अब विकास को अधिकतम करने के तरीकों और रणनीतियों पर विचार करें (विज्ञापनों और प्रभावशाली विपणन से परे, जैसा कि आगे कवर किया गया है):

आवृत्ति: सप्ताह में एक बार एक ठोस न्यूनतम है। गुणवत्ता, हालांकि, हमेशा मात्रा को कम करना चाहिए।

समुदाय: अन्य सामाजिक प्लेटफार्मों पर और अपने व्यवसाय के पहले से मौजूद समुदाय और नेटवर्क में अपने चैनल का प्रचार करें।

क्लिप: अपने लॉन्ग-फॉर्म वीडियो को काटें और उन्हें यूट्यूब शॉर्ट्स के साथ-साथ इंस्टाग्राम, टिकटॉक, फेसबुक और जहां भी आपकी शॉर्ट-फॉर्म वीडियो में उपस्थिति है, के रूप में साझा करें। YouTube पर प्लेलिस्ट द्वारा वीडियो समूह.

संलग्न करें और इनाम: मेजबान उपहार या छूट की पेशकश करें। अन्य रचनाकारों और व्यवसायों के साथ वीडियो पोस्ट करें.

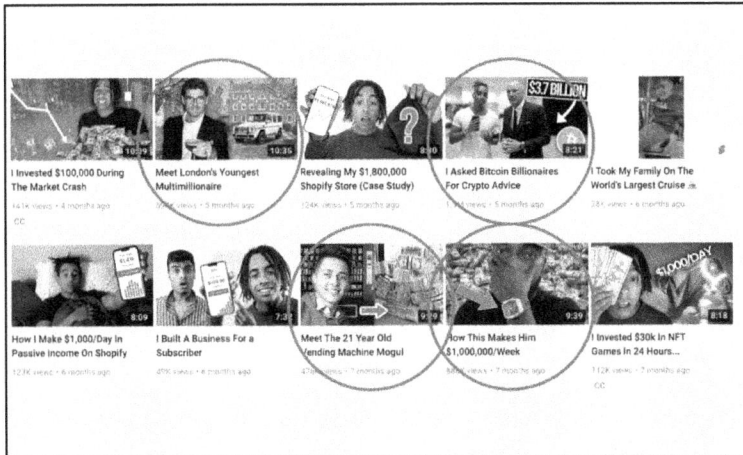

xxvii

ध्यान दें कि जॉर्डन वेल्च नियमित रूप से अपने वीडियो में अपने आला में लोकप्रिय आंकड़ों को कैसे शामिल करता है। इस प्रकार की सामग्री लगातार अपने अन्य वीडियो से बेहतर प्रदर्शन करती है।

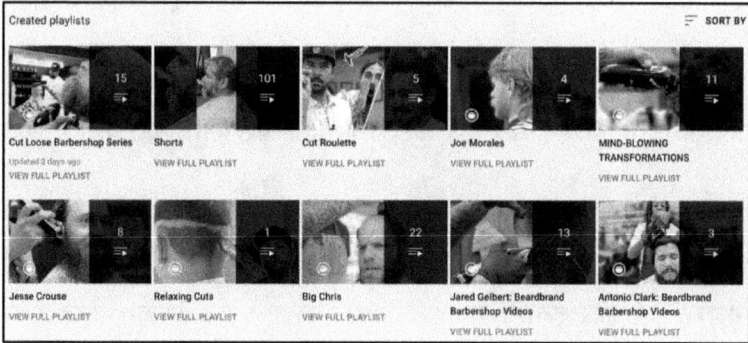

xxviii

ध्यान दें कि कैसे बियर्डब्रांड खोज उपस्थिति बढ़ाने और दर्शकों को एक बैठक में कई वीडियो देखने के लिए प्रोत्साहित करने के लिए अपने अधिकांश वीडियो को विभिन्न प्लेलिस्ट में जोड़ता है।

मुद्रीकरण। एक बार जब आपके यूट्यूब चैनल 1,000 सब्सक्राइबर और 4,000 घंटे के वॉच टाइम तक पहुंच जाते हैं, तो आप वीडियो पर यूट्यूब द्वारा रखे गए विज्ञापनों से पैसा कमाना शुरू कर सकते हैं। आप इन पात्रता आवश्यकताओं को मुद्रीकरण टैब के तहत studio.youtube.com देख सकते हैं।

वीडियो से होने वाली कमाई आरपीएम (प्रति हजार व्यूज पर राजस्व) पर आधारित होती है। उस जगह के भीतर विज्ञापनदाता भुगतान करने के लिए तैयार हैं, उस राशि के अनुसार niches अलग-अलग RPM कमाते हैं। इस तरह,

फाइनेंस वीडियो गेमिंग वीडियो की तुलना में अधिक आरपीएम कमाते हैं क्योंकि वित्त कंपनियां यूट्यूब दर्शकों को अपने विज्ञापन दिखाने के लिए अधिक भुगतान करने को तैयार हैं। मुद्रीकृत होने के बाद अपने वीडियो पर रखे गए विज्ञापनों से राजस्व अर्जित करने के अलावा, आप यह नियंत्रित कर सकते हैं कि किसी दिए गए वीडियो पर कितने विज्ञापन रखे गए हैं, साथ ही साथ प्रत्येक विज्ञापन कहां रखा गया है. आम तौर पर, एक प्री-रोल विज्ञापन और एक मिड-रोल विज्ञापन को लगभग आठ मिनट के निशान पर रखें (वीडियो की लंबाई के आधार पर)।[15]

आप YouTube से होने वाली कमाई को वीडियो प्रचार में फिर से निवेश करना चुन सकते हैं. इस रणनीति का उदाहरण देने के लिए, नीचे दिए गए वीडियो को लें, जिसने AdSense राजस्व में $ 5,800 उत्पन्न किए (AdSense Google का मुद्रीकरण प्लेटफ़ॉर्म है, जो विज्ञापन राजस्व भुगतान को संभालता है)।

---

[15] वैकल्पिक रूप से, प्रतिधारण बंद होने से पहले एक दूसरा विज्ञापन थोड़ा सा रखें।

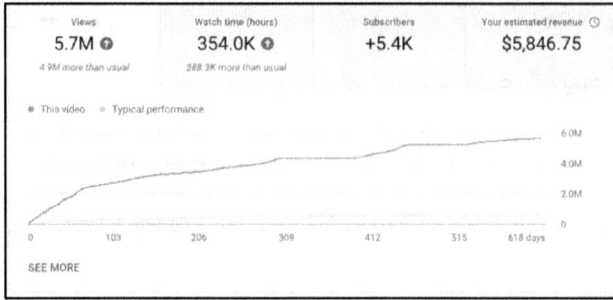

यदि उपरोक्त से प्राप्त राजस्व को $ 0.01 (ऊपर के रूप में) के सीपीवी पर विज्ञापनों में वापस रखा गया था, तो अतिरिक्त 580,000 दृश्य ों को एक विज्ञापन या वीडियो की ओर निर्देशित किया जा सकता है, इस प्रकार कई सौ अधिक ग्राहक और अतिरिक्त राजस्व में लगभग $ 600 अर्जित किए जा सकते हैं।

इस तरह, YouTube पर व्यवसाय या तो YouTube विज्ञापनों के माध्यम से वीडियो प्रचार में कमाई का पुनर्निवेश कर सकते हैं या सामग्री निर्माण की लागत को कवर करने के लिए कमाई का उपयोग कर सकते हैं। यह YouTube के मूल्य को न केवल ग्राहकों को एक फ़नल से नीचे लाने के लिए एक उपकरण के रूप में बोलता है, बल्कि टॉप-लाइन राजस्व उत्पन्न करने के लिए भी बोलता है।

एक बार मुद्रीकृत होने के बाद, आप अपने YouTube वीडियो के तहत सीधे "शॉप" अनुभाग से माल बेचने के लिए YouTube के भीतर Teespring

एकीकरण का लाभ उठा सकते हैं। इस सुविधा का पता लगाने के लिए, studio.youtube.com में "मुद्रीकरण" के तहत "मर्चेंडाइज" पर जाएं

इन सबसे ऊपर, यूट्यूब की मानसिकता के साथ नेतृत्व करें जो एक दीर्घकालिक खेल है। परिणाम जल्दी से स्नोबॉल होते हैं, लेकिन उस पहले सौ, हजार या दस हजार ग्राहकों तक पहुंचने में काफी समय लग सकता है। पूरी प्रक्रिया के दौरान, याद रखें कि स्थिरता और मूल्य जीत जाएगा- यदि आप और आपका व्यवसाय उन दो चीजों को करते हैं, तो आपको एक सफल YouTube उपस्थिति के गेम-चेंजिंग लाभों की जानकारी होगी।

ट्विटर पर बढ़ रहा है

ट्विटर त्वरित बातचीत और तेज-तर्रार संस्कृति का एक मंच है। ट्विटर पर अच्छा प्रदर्शन करने वाले ब्रांड न केवल अपने क्षेत्र की, बल्कि समाज की सांस्कृतिक नब्ज पर अपना अंगूठा लगाते हैं। रुझानों और समाचारों पर मजाकिया या व्यावहारिक टिप्पणी, आपके ब्रांडिंग और व्यवसाय से संबंधित आकर्षक या विवादास्पद सामग्री, और व्यंग्य आमतौर पर सबसे अच्छा प्रदर्शन करते हैं। इन सभी मामलों में, ऐसी सामग्री बनाने की पूरी कोशिश करें जिसे लोग रीट्वीट करेंगे और टिप्पणी जोड़ेंगे। आखिरकार, वायरल ट्वीट्स और थ्रेड्स (थ्रेड्स परस्पर संबंधित ट्वीट्स के तार हैं, शायद एक ऐसे विचार का पता लगाने के लिए जिसे किसी के अपने ट्वीट्स का जवाब देकर बनाए गए एक ट्वीट में समझाया नहीं जा सकता है) कैसे सामने आते हैं।

यदि कुछ भी है, तो मत करो ट्विटर पर एक ब्रांड के रूप में अत्यधिक संपादित या पेशेवर दिखाई देते हैं। ट्विटर समुदाय और संस्कृति के बारे में है, और उपयोगकर्ताओं के दिल (और वॉलेट) जीतने का सबसे अच्छा तरीका रचनात्मक और आकर्षक सामग्री के माध्यम से है, न कि आपके व्यवसाय या उत्पादों को पिच करके (जब तक कि वे वास्तव में अपने दम पर अद्वितीय पर आकर्षक न हों)। लोग किसी भी ऐसे व्यक्ति के माध्यम से देख सकते हैं जो "ज्ञात" नहीं है और प्रासंगिकता जोड़ने में मदद करना यदि आप स्वयं ट्विटर उपयोगकर्ता नहीं हैं तो यह एक बेहतर रणनीति है।

इसके बाद, अपने ब्रांड को सीमा से बाहर न बनाएं- टिप्पणियों के माध्यम से संलग्न हों, ग्राहकों के साथ संबंध बनाएं, रीट्वीट को प्रोत्साहित करें, और (कुछ) लोगों का अनुसरण करें।

अपने ट्विटर अकाउंट पर दिन में कम से कम 1-2 बार पोस्ट करें. यह वर्तमान घटनाओं के अनुसार भिन्न होना चाहिए जो आपका व्यवसाय यथोचित रूप से टिप्पणी जोड़ सकता है। प्रति सप्ताह कम से कम कई बार रीट्वीट करें। ध्यान दें कि सगाई आमतौर पर सुबह 9-10 बजे के बीच सबसे अधिक होती है (हमेशा की तरह, समय के साथ अपने ट्विटर एनालिटिक्स के अनुसार समय समायोजित करें)।

कुछ ऐतिहासिक महान ब्रांड ट्वीट्स देखें:

ध्यान दें कि @netflix अप्रत्यक्ष रूप से शो का विज्ञापन कैसे करता है (जिसका नाम छवि के निचले बाईं ओर सूक्ष्म रूप से रखा गया है) एक मजाकिया लाइन के माध्यम से।

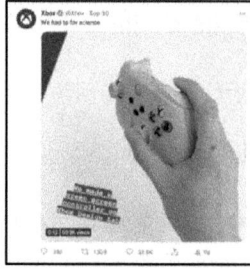

ध्यान दें कि @Xbox Xbox टीम के एक व्यक्ति योग्य पक्ष को दिखाने के लिए आकर्षक सामग्री का लाभ कैसे उठाता है।

थ्रेड्स के उपयोग और दर्शकों को पोस्ट के साथ जुड़ने के लिए बनाए गए प्रोत्साहन @SlimJim पर ध्यान दें।

LinkedIn पर बढ़ रहा है

लिंक्डइन पर ऑडियंस-बिल्डिंग प्रोफाइल-बिल्डिंग से शुरू होती है। सुनिश्चित करें कि आपका व्यक्तिगत लिंक्डइन पेज, साथ ही साथ आपके व्यवसाय का पृष्ठ पूरी तरह से भर गया है। पूरी जानकारी वाले प्रोफाइल को औसतन 30% अधिक दृश्य मिलते हैं, जबकि यह अंतर नियमित रूप से सामग्री पोस्ट करने वाले प्रोफाइल के लिए विस्तारित होता है। कुछ शोकेस पृष्ठों को भरना

सुनिश्चित करें, जो आपकी कंपनी के पृष्ठ के संबद्ध एक्सटेंशन हैं जिनका उपयोग किसी व्यावसायिक इकाई, पहल या ऊर्ध्वाधर को उजागर करने के लिए किया जाता है। अंत में, सुनिश्चित करें कि प्रत्येक पृष्ठ के सभी प्रोफ़ाइल तत्व सार्वजनिक रूप से सेट हैं।

हमेशा की तरह, पहले बाहरी स्रोतों से दर्शकों को आकर्षित करें। सुनिश्चित करें कि आपने अपने व्यक्तिगत लिंक्डइन पृष्ठ के कनेक्शन को अधिकतम किया है और कर्मचारी आपके लिंक्डइन व्यवसाय पृष्ठ का पालन करते हैं। अंत में, प्रासंगिक लिंक्डइन समूहों में शामिल होना और भाग लेना सुनिश्चित करें।

इनसे परे एसईओ और अनुकूलन मूल बातें, एक्सपोजर बढ़ाने और लिंक्डइन पर अपने व्यवसाय के लिए दर्शकों के निर्माण के लिए सामग्री निर्माण की आवश्यकता होती है। लिंक्डइन व्यवसाय पृष्ठ सुपर व्यवस्थापक दृश्य के माध्यम से आसान सामग्री निर्माण उपकरण प्रदान करता है और पृष्ठ व्यवस्थापकों को विभिन्न प्रकार के उपकरणों के माध्यम से सामग्री बनाने और जोड़ने देता है, विशेष रूप से चुनाव और एक संपूर्ण लेख-निर्माण सैंडबॉक्स सहित।

आपके द्वारा बनाई गई डिजिटल रणनीति के अनुसार, सामग्री को फिर से साझा करना सबसे कुशल है लिंक्डइन पर जो शुरू में अन्य प्लेटफार्मों के लिए डिज़ाइन किया गया था, और इसके विपरीत। उदाहरण के लिए, यदि आपके व्यवसाय में पहले से ही एक ब्लॉग है, तो बस उस सामग्री को लें, इसे

अपने लिंक्डइन पृष्ठ में फिट करने के लिए बदलें, और इसे अपने लिंक्डइन प्रोफ़ाइल में साझा करें।

सामग्री प्रकारों के मिश्रण की विशेषता वाले पोस्ट, जैसे हेडर छवि, ब्लॉग पोस्ट या पोल सबसे अच्छा प्रदर्शन करते हैं। सामग्री में विभिन्न प्रकार के प्रासंगिक हैशटैग शामिल करना सुनिश्चित करें और लंबी पोस्ट को छोटे पैराग्राफ और हेडर में तोड़ दें।

सप्ताह में कम से कम 1-2 पोस्ट साझा करें। अपने व्यवसाय पृष्ठ पर पोस्ट करने से परे, अपने व्यवसाय की ओर संभावित लीड को चलाने के लिए नियमित रूप से अपनी व्यक्तिगत प्रोफ़ाइल पर पोस्ट करें, और नियमित रूप से टिप्पणी अनुभागों में दोनों प्रोफाइल पर संलग्न रहें। कर्मचारियों के लिए लिंक्डइन सामग्री पोस्ट करना आसान बनाएं, जैसे कि कंपनी की घटनाओं, प्रचार, मील के पत्थर आदि के दौरान।

जैसे-जैसे आप बड़े होते हैं, यह मापने के लिए एनालिटिक्स के साथ रहें कि आगंतुक क्या हैं या उन आगंतुकों के साथ संलग्न नहीं हैं, साथ ही जनसांख्यिकी क्या है। भविष्य में सामग्री विचारधारा और रणनीति पर निर्णय लेने के लिए इस जानकारी को एकत्रित करें।

यदि आपका ब्रांड प्रभावशाली लोगों या अन्य व्यवसायों के साथ काम करता है, उन्हें पोस्ट में टैग करें, और बदले में अपने ब्रांड को टैग करने के लिए उन्हें प्रोत्साहित करें (अभी तक, उनके साथ समन्वय करें)।

अंत में, लिंक्डइन विज्ञापनों का उपयोग करने पर विचार करें तेजी से विकास। यह प्रक्रिया विज्ञापन अनुभाग में उल्लिखित है।

ये रणनीतियां न केवल लिंक्डइन पर निम्नलिखित और उपभोक्ता आधार प्राप्त करने का एक समग्र साधन सुनिश्चित करती हैं, बल्कि यह सुनिश्चित करना कि आपका व्यवसाय दिखाई देता है, एक पेशेवर वातावरण में लीड उत्पन्न करता है, और व्यावसायिक अवसरों को अधिकतम करता है।

अच्छी तरह से किए गए छोटे व्यवसाय लिंक्डइन प्रोफाइल के कुछ उदाहरणों पर ध्यान दें:

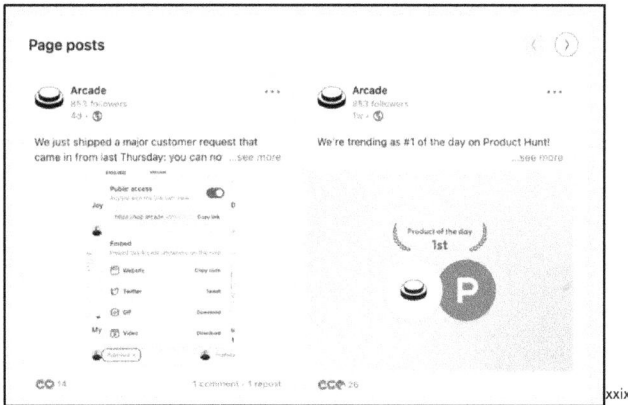

कंपनी के अपडेट और लंबी-फॉर्म सामग्री को संलग्न करने के मिश्रण पर ध्यान दें।

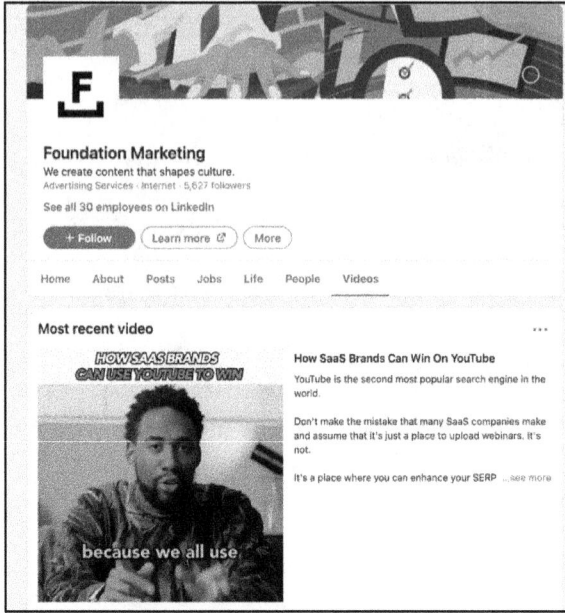

xxx

ब्रांड अधिकार को व्यक्त करने और जुड़ाव को चलाने के लिए गुणवत्ता वीडियो सामग्री के उपयोग पर ध्यान दें।

Pinterest पर बढ़ रहा है

Pinterest दृश्यों के बारे में सब कुछ है। Pinterest पर बढ़ना गुणवत्ता छवियों की एक सुसंगत धारा के साथ शुरू होता है- यदि यह पाइपलाइन पहले से ही आपके व्यवसाय में शामिल नहीं है (जैसे कि फैशन या रियल एस्टेट कंपनी के मामले में), Pinterest दर्शकों के निर्माण में प्रयास करना सही कदम नहीं है।

Pinterest आधारित है बोर्डों पर, जो एक केंद्रीय विषय का प्रतिनिधित्व करते हैं जिसके तहत छवियों को व्यवस्थित किया जाता है। इंटरनेट से छवियों को एक बोर्ड पर "पिन" किया जा सकता है, या Pinterest पर पहले से मौजूद छवियों को किसी अन्य बोर्ड में "फिर से पिन" किया जा सकता है। पिन पर टिप्पणी की जा सकती है।

तो, Pinterest पर बढ़ रहा है आपके द्वारा रखी गई छवियों की संख्या, आपके पास मौजूद बोर्डों की संख्या, और आपके द्वारा ऑर्केस्ट्रेट किए गए पिन और री-पिन की संख्या को दर्शाता है। दर्शकों को विकसित करने के लिए प्रति दिन कम से कम पांच पिन (अधिमानतः कुछ दर्जन) की आवश्यकता होती है। मैशेबल और पिनेरीली ने पाया कि शनिवार, दोपहर और शाम सगाई के लिहाज से सबसे अच्छे दिन और समय हैं।

सामग्री के लिए, Pinterest को उच्च गुणवत्ता वाली छवियों के आसपास डिज़ाइन किया गया है जिसमें कोई मानव चेहरे (आंकड़े / शरीर) नहीं हैं ठीक हैं), कोई पाठ या सीमा नहीं, और आकर्षक दृश्य सामग्री। प्रत्येक पिन और बोर्ड के लिए, कीवर्ड-समृद्ध सामग्री के साथ संबंधित विवरण भरना सुनिश्चित करें जिसमें आपका ब्रांड नाम शामिल है। सामग्री विचारों के लिए trends.pinterest.com पर जाएँ. अंत में, ध्यान दें कि वीडियो पोस्ट किए जा सकते हैं, इसलिए शॉर्ट-फॉर्म सामग्री को फिर से पोस्ट करना सफल सामग्री को रीसायकल करने का एक शानदार तरीका है। बस सुनिश्चित करें कि यह आपके Pinterest दर्शकों के लिए प्रासंगिक है।

नियमित रूप से विभिन्न वेबसाइटों (मुख्य रूप से, निश्चित रूप से, अपने स्वयं के) से पिन पोस्ट करना समूह बोर्डों, टिप्पणी अनुभागों और अन्य ब्रांडों द्वारा पोस्ट की गई सामग्री के माध्यम से नियमित जुड़ाव के साथ सबसे अच्छा है।

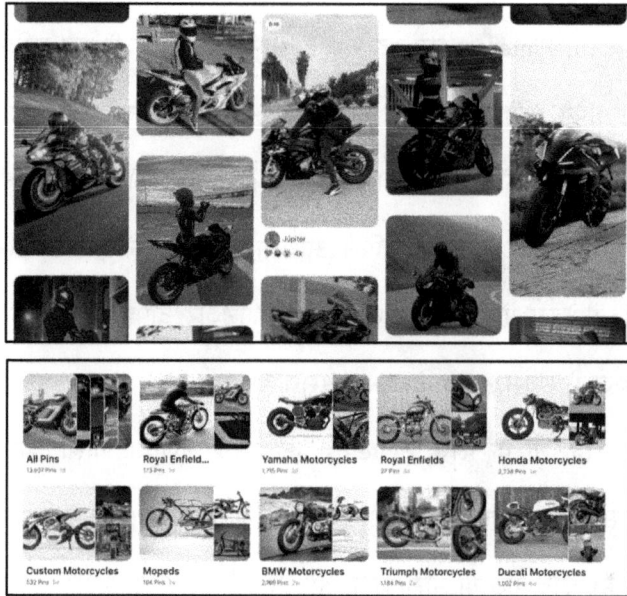

Pinterest सामग्री के सुसंगत अनुभव के साथ-साथ प्रत्येक बोर्ड पर पिन की शुद्ध मात्रा पर ध्यान दें।

मैं इसे फिर से कहूंगा: Pinterest दृश्य ब्रांडों के लिए एक जरूरी है, खासकर उन लोगों के लिए जो ऑनलाइन उत्पाद या सेवाएं बेच रहे हैं। यदि वह आप हैं, तो कम से कम उन फ़ोटो को फिर से साझा करें जिन्हें आप पहले से ही अपने व्यवसाय के भीतर प्लेटफ़ॉर्म पर उपयोग कर रहे हैं। समय के साथ विकास

तेज हो जाएगा क्योंकि उपयोगकर्ता आपकी सामग्री को ढूंढते हैं और फिर से पिन करते हैं।

सामाजिक सामग्री बनाना

मैं इस खंड में, हम संक्षेप में वीडियो, फोटो और ग्राफिक्स-आधारित सामग्री निर्माण की कुछ मूल बातें कवर करेंगे।

ग्राफिक्स

xxxi

सोशल मीडिया पर काम करने वाले अधिकांश व्यवसाय अपनी सामग्री रणनीति में ग्राफिक डिजाइन को भारी रूप से शामिल करते हैं। पोस्ट की यह शैली आमतौर पर नेत्रहीन सरल और रंगीन होती है। यह पाठ और सरल वेक्टर डिजाइनों (जैसे, सरलीकृत छवियों, कार्टून, या ट्रेस किए गए आकार) के माध्यम से जानकारी प्रसारित करता है।

इस तरह के ग्राफिक्स नहीं हैं बनाने के लिए असाधारण रूप से कठिन है और किसी भी संख्या में ऑनलाइन डिजाइन टूल का उपयोग करने में कुछ बुनियादी ज्ञान की आवश्यकता है। आप इस तरह के काम को आउटसोर्स कर

सकते हैं, जो आमतौर पर सस्ता होता है (आउटसोर्सिंग आगामी स्वचालन और स्थिरता अध्याय में शामिल है) या इसे स्वयं करें। उत्तरार्द्ध आमतौर पर निम्नलिखित प्लेटफार्मों पर किया जाता है:

Canva - कैनवा एक अल्ट्रा-सरल, डू-इट-योरसेल्फ ग्राफिक डिज़ाइन टूल है। यह मुफ़्त है और विभिन्न प्रकार के पूर्व-निर्मित टेम्पलेट प्रदान करता है।

फ़ोटोशॉप - फ़ोटोशॉप फोटो-संपादन उपकरण का एक पूरा सूट प्रस्तुत करता है। कैनवा जैसे विकल्प के खिलाफ सीखने के लिए थोड़ा और समय की आवश्यकता होती है और इसकी लागत $ 20 प्रति माह (क्रिएटिव क्लाउड योजना की आपकी पसंद के आधार पर) होती है, लेकिन एक पेशेवर, अंत-सभी संपादन वातावरण प्रस्तुत करता है।

Photopea - फोटोपीड़ा फ़ोटोशॉप के बाद मॉडलिंग की गई एक मुफ्त सेवा है। यह पहले वर्णित दो सेवाओं के बीच एक मिश्रण का प्रतिनिधित्व करता है।

अपने व्यवसाय द्वारा लगाए गए ग्राफिक्स के कॉपीराइटिंग और शैली के लिए प्रेरणा प्राप्त करने के लिए, यह देखना सबसे अच्छा है कि आप किन

प्रतियोगियों या ब्रांडों का अनुकरण करना चाहते हैं और वहां से वापस काम कर रहे हैं। सरल संदेशों और पाठ पर ध्यान केंद्रित करें (पैराग्राफ के लिए समय नहीं और न ही पूरी तरह से स्पष्टीकरण!) और ब्रांड रणनीति और पहचान को शामिल करें।

फोटो

xxxii

ग्राफिक्स और वीडियो के बीच कठिनाई के संदर्भ में फोटोग्राफिक सामग्री मध्यवर्ती स्तर है। अच्छी तस्वीरों को अश्लील रूप से महंगे कैमरों की आवश्यकता नहीं होती है; सबसे अपेक्षाकृत सस्ता ($ 1-2 हजार) कैनन कैमरे पर्याप्त से अधिक हैं (किराए के गियर भी काम पूरा कर लेते हैं)। प्राथमिक कठिनाई फोटो सेटअप में है, खासकर उत्पाद शॉट्स के लिए। व्यवसायों द्वारा मुख्य रूप से नियोजित अन्य प्रकार के शॉट्स-घटनाओं की तस्वीरें, व्यावसायिक स्थान, आदि, एक सेट के साथ पूर्व-निर्मित होते हैं, और इससे परिणामी काम बहुत आसान हो जाता है।

जब महान उत्पाद शॉट्स की बात आती है, आपको इसे केवल एक बार करने की आवश्यकता है- प्रारंभिक बैच करने के लिए फोटोग्राफरों को काम पर रखने पर पैसा खर्च करने के लिए तैयार रहें यदि आप स्वयं तस्वीरें लेने में सहज महसूस नहीं करते हैं। यदि आप कैमरे के पीछे कुछ सहज हैं, तो शूट स्थानों को खोजने के लिए पीरस्पेस ऐप का उपयोग करें। महान स्थान $ 25

प्रति घंटे जितना कम चलते हैं, जबकि काल्पनिक स्थान $ 150 या उससे अधिक प्रति घंटे तक चल सकते हैं। कम तकनीकी ज्ञान की आवश्यकता होती है और अगले पृष्ठ पर उन जैसे किराए के स्थानों का उपयोग करना गुणवत्ता वाले फोटो सेट तक पहुंचने का अब तक का सबसे अधिक लागत प्रभावी तरीका है।

SF Portrait & Photography Studio: Whitewalls,...
★★★★☆ 42 · Responds within 5 hrs

Photography Studio with Included Lighting As...
★★★★☆ 114 · Responds within 13 hrs

किसी व्यवसाय से संबंधित किसी भी प्रकार की तस्वीरें लेते समय, सादगी आमतौर पर बेहतर होती है। एक सामान्य शैलीगत विषय और रंग प्रोफ़ाइल से चिपके रहने का लक्ष्य रखें।

नीचे दी गई अमूर्त छवियों में, प्रकाश, कंट्रास्ट और फोकस के उपयोग पर ध्यान दें।

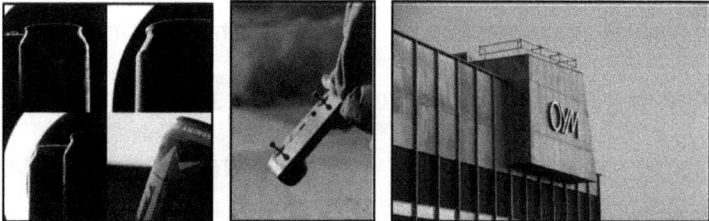

नीचे दी गई उत्पाद छवियों में, पृष्ठभूमि और रंग प्रोफाइल की सादगी पर ध्यान दें।

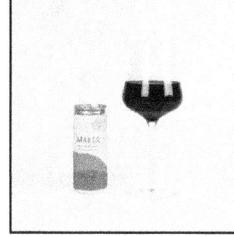

xxxiv

फिर से, जबकि छोटे व्यवसायों द्‌वारा सबसे अधिक उपयोग की जाने वाली तस्वीरों के प्रकार को लेने के लिए प्रवेश की बाधा, जैसे कि उत्पाद और स्थान शॉट्स, इवेंट मीडिया और टीम चित्र बनाना अविश्वसनीय रूप से मुश्किल नहीं है, इस बात पर जोर दिया जाना चाहिए कि दृश्य ऑनलाइन स्पेस में अविश्वसनीय रूप से महत्वपूर्ण हैं। यदि आप कैमरों और सेटों के साथ काम करने में सहज महसूस नहीं करते हैं तो इसे स्वयं करने की तुलना में कुछ अतिरिक्त पैसे खर्च करना और एक एजेंसी किराए पर लेना कहीं बेहतर है।

संक्षेप में: एक व्यवसाय के रूप में, अच्छा दिखने के लिए आवश्यक समय, प्रयास और धन लगाएं। डिजिटल वातावरण में इस तरह की रणनीति बेहद जरूरी है।

वीडियो

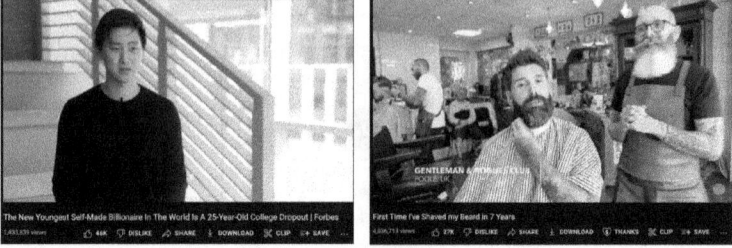

XXXV

वीडियो व्यवसाय के लिए महत्वपूर्ण है क्योंकि यह कम समय में दर्शक को बड़ी मात्रा में जानकारी संप्रेषित करने का एक बहुत ही कुशल तरीका है (यदि एक तस्वीर एक हजार शब्दों के लायक है, तो वीडियो के लायक क्या है?)।

चाहे आप शॉर्ट-फॉर्म क्लिप, लंबे YouTube वीडियो, या वीडियो विज्ञापन बना रहे हों, न्यूनतम लागत पर महान वीडियो का उत्पादन करना जानना मूल्यवान है।

व्यवसाय के लिए वीडियोग्राफी को फोटोग्राफी के विस्तार के रूप में सबसे अच्छा देखा जाता है: इसे नेत्रहीन रूप से सरल रखें और पागल सेट ों पर और न ही ओवर-द-टॉप संपादन (न ही 4k रिज़ॉल्यूशन-1080p ठीक है) पर घूमने की आवश्यकता महसूस न करें। बस ध्यान रखें कि आपको वीडियो फिल्माते समय कैमरे के अलावा माइक्रोफोन (या तो ऑन-बॉडी या ऑन-कैमरा काम पूरा हो जाता है) की आवश्यकता होगी।

यदि आप घर में वीडियो बनाना चाहते हैं, तो पीयरस्पेस जैसी सेवा के माध्यम से वीडियो सेट किराए पर लेने की एक ही रणनीति अधिकतम लागत प्रभावी है। संपादन एडोब प्रीमियर प्रो या फाइनल कट प्रो के माध्यम से सबसे अच्छा किया जाता है।

अंतिम नोट पर, वीडियो उत्पादन को आउटसोर्स करने से डरो मत- फोटोग्राफी के साथ, यह है कि आपके व्यवसाय में कितने लोगों को पेश किया जाएगा। उच्च लागत पर इसे सही तरीके से करना बहुत बेहतर है- बस इस धारणा की सदस्यता न लें कि आप इसे घर के अंदर नहीं कर सकते हैं, न ही उचित बजट के बाहर।

स्वचालन और स्थिरता

अधिकांश सोशल मीडिया निर्माता और प्रबंधक यह उल्लेख करने में विफल रहते हैं कि *सोशल मीडिया कठिन है।* एक ऑनलाइन उपस्थिति स्थापित करना कठिन है। आकर्षक सामग्री बनाना कठिन है। एक अनुकूलित फ़नल का निर्माण कठिन है। उन्हें कठिन होना चाहिए, क्योंकि सफलता के नुकसान बहुत बड़े हैं- जैसा कि कहावत है, अगर यह आसान था, तो हर कोई इसे करेगा।

शुक्र है, कुछ उपकरण हैं जो आपके व्यवसाय के डिजिटल पहलुओं को चलाना आसान बनाते हैं। **आउटसोर्सिंग व्यवसाय के** कुछ हिस्सों को चलाने के लिए अन्य लोगों, आमतौर पर विशेष श्रमिकों को ला रही है। **स्वचालन** उन प्रणालियों का निर्माण कर रहा है जो खुद को चलाते हैं। सोशल मीडिया और डिजिटल मीडिया के लगभग सभी पहलुओं को व्यवसाय के मालिक के उल्लेखनीय लाभ के लिए आउटसोर्स या स्वचालित किया जा सकता है।

आज, आउटसोर्सिंग विभिन्न सेवाओं के माध्यम से किया जाता है जो आपको विशेष फ्रीलांसरों से जोड़ते हैं। ये सेवाएं कुछ कारणों से मूल्यवान हैं: मुख्य रूप से, चूंकि वे आपको दुनिया भर के फ्रीलांसरों से जोड़ते हैं और क्षेत्र आपूर्ति पक्ष पर इतना प्रतिस्पर्धी है, इसलिए आपको संभावित श्रमिकों और कम कीमत बिंदुओं की एक विशाल श्रृंखला तक पहुंच प्राप्त होती है। इस तरह, डिजिटल और सामाजिक विपणन में निहित कई छोटे कार्य अपेक्षाकृत कम

लागत पर आउटसोर्स किए जाने वाले कम लटकने वाले फल हैं। बेशक, यदि आपके पास व्यक्तिगत रूप से काम करने के लिए तैयार श्रम है (फिर से, इंटर्न इसके लिए बहुत अच्छे हैं), तो यह आमतौर पर बेहतर विकल्प है, लेकिन बाकी सभी के लिए, आउटसोर्सिंग जाने का तरीका है। यहां कुछ सामान्य कार्य दिए गए हैं जो आसानी से आउटसोर्स किए जाते हैं:

- वेबसाइट निर्माण.
- प्रवृत्ति अनुसंधान।
- सामग्री विचारधारा.
- लेख और कॉपीराइटिंग।
- पीपीसी (पे-पर-क्लिक) अभियान प्रबंधन।
- सामग्री पोस्ट करना.

किसी अजनबी को आपके व्यवसाय के कुछ हिस्सों तक पहुंच प्रदान करना अजीब लग सकता है। ध्यान रखें कि फ्रीलांसर ग्राहकों को उत्पन्न करने के लिए अच्छी समीक्षाओं और वर्ड-ऑफ-माउथ पर भरोसा करते हैं; केवल स्थापित फ्रीलांसरों (या एजेंसियों) के साथ काम करके एक मजबूत इतिहास और समीक्षा आधार प्रस्तुत करके, आउटसोर्सिंग में बिल्कुल कोई सुरक्षा जोखिम नहीं है।

फ्रीलांसरों के साथ काम करने में प्राथमिक कठिनाई यह है कि वे आपके व्यवसाय के कामकाज और ब्रांड रणनीति से उतने परिचित नहीं हैं

जितना आप और आपके कर्मचारी हैं (यही कारण है कि सबसे आसानी से आउटसोर्स किए गए कार्य वे हैं जिन्हें व्यवसाय के वास्तविक ज्ञान की आवश्यकता होती है)। इस मुद्दे के कई उपाय हैं- एक, बस उन संसाधनों को साझा करें जो आपके व्यवसाय और दृष्टि पर फ्रीलांसरों को शिक्षित करते हैं (यह बहुत अधिक यथार्थवादी है यदि फ्रीलांसरों को लंबी अवधि के लिए अनुबंधित किया जाता है), या दो, एक ऐसी एजेंसी के साथ काम करें जो आपके व्यवसाय को समझने में असामान्य समय और प्रयास करती है (सीधे शब्दों में कहें, अच्छे फ्रीलांसरों और एजेंसियों को काम करने के लिए ढूंढें)।

इन फ्रीलांसरों को वास्तव में कहां पाया जा सकता है- निम्नलिखित सूची पर विचार करें:

- **Fiverr:** Fiverr फ्रीलांसरों के लिए सबसे बड़ा बाजार है और प्रसाद की एक विस्तृत श्रृंखला प्रस्तुत करता है। यह इस सूची में सबसे कम जांची गई, लेकिन अक्सर सबसे कम लागत वाली सेवा है।

- **अपवर्क:** अपवर्क फ्रीलांसर स्पेस में एक उद्योग नेता है जो मुख्य रूप से वेब डेव, ग्राफिक डिजाइन, लेखन और विपणन सेवाओं पर केंद्रित है। लंबी अवधि के संबंधों और अनुबंधों को स्थापित करने के लिए अपवर्क बहुत अच्छा है।

- **डिजाइनहिल:** ग्राफिक और वेब डिज़ाइन सेवाओं में माहिर हैं।

- **टॉपल:** फ्रीलांसरों को केवल "फ्रीलांस प्रतिभा के शीर्ष 3%" की पेशकश करने के लिए स्क्रीन करता है। Toptal सॉफ्टवेयर विकास, डिजाइन और उत्पाद प्रबंधन रिक्त स्थान में सेवाओं पर केंद्रित है।

- **रीड्सी: लेखकों को** सेवाएं प्रदान करने में माहिर हैं, लेकिन ब्लॉग, कॉपीराइटिंग या ग्राफिक डिजाइन कार्य के लिए किसी भी प्रकार के संपादक या घोस्टराइटर को काम पर रखने के लिए बहुत अच्छा है।

- **99 डिजाइन:** डिजाइन सेवाओं में माहिर हैं।

- **कोडेबल:** वर्डप्रेस से संबंधित किसी भी चीज और सब कुछ में माहिर है।

- **Gun.io:** सॉफ्टवेयर इंजीनियरिंग में माहिर हैं।

- **PeoplePerHour:** अल्पकालिक परियोजनाओं के लिए महान।

- **Skyword:** लेखन और सामग्री रणनीति पर ध्यान केंद्रित करता है।

यदि आप एक एजेंसी के साथ काम करना पसंद करेंगे, जो आमतौर पर अधिक महंगा होता है लेकिन अधिक व्यक्तिगत अनुभव और सेवाओं की अधिक मात्रा प्रदान करता है। आप Google पर "मेरे पास सोशल मीडिया एजेंसी" या "मेरे पास डिजिटल मार्केटिंग एजेंसी" खोजकर कुछ स्थानीय लोगों को पा सकते हैं। वैकल्पिक रूप से, उन कार्यों को खोजकर डिजिटल रूप से संचालित होने वाली एजेंसियों की संख्या ढूंढें जिन्हें आप आउटसोर्स करना चाहते हैं।

जहाँ तक सवाल है कम कौशल वाले कार्यों को आउटसोर्स करना, सर्वोत्तम मूल्य का चयन करें। उच्च कौशल वाले कार्यों के लिए, मूल्य पर गुणवत्ता पर ध्यान केंद्रित करें।

इसके अतिरिक्त, ध्यान दें कि फ्रीलांसर वेबसाइटें जिनके लिए आपको नौकरी पोस्ट करने और फ्रीलांसरों को स्पॉट के लिए प्रतिस्पर्धा करने की आवश्यकता होती है, अक्सर फ्रीलांसरों को उनकी आदर्श दर के तहत महत्वपूर्ण बोली लगाने के लिए प्रेरित करती हैं। Fiverr जैसी साइटों के सापेक्ष इस प्रक्रिया का लाभ उठाएं, जबकि आप फ्रीलांसरों द्वारा पोस्ट की गई नौकरी लिस्टिंग देखते हैं।

आउटसोर्सिंग की बात आने पर आपको यह जानने की आवश्यकता है- यह किसी भी स्तर या प्रकार के व्यवसाय पर डिजिटल मार्केटिंग प्रक्रिया (या वास्तव में उस मामले के लिए किसी भी व्यावसायिक प्रक्रिया) को सरल बनाने और तेज करने का एक शक्तिशाली तरीका है।

दूसरा तरीका उन चीजों को करने का स्वचालन है- पहले खुद को चलाने वाले सिस्टम के निर्माण के रूप में परिभाषित किया गया था, स्वचालन को एक प्रक्रिया से मानव श्रम और प्रयास को हटाने के रूप में बेहतर देखा जाता है, आमतौर पर सॉफ्टवेयर और कोड के माध्यम से। जबकि आउटसोर्सिंग इन-हाउस लेबर को आउट-ऑफ-हाउस लेबर के साथ बदल देती है, ऑटोमेशन एक बार के फिक्स के बहुत करीब है: एक बार मानव-प्रभुत्व वाला कार्य स्वचालित हो जाता है, तो यह शायद ही कभी वापस जाता है।

डिजिटल स्पेस में ऑटोमेशन बेहद प्रचलित है। व्यवसाय सॉफ्टवेयर और स्वचालन को सभी प्रकार के महत्वपूर्ण कार्यों में शामिल करते हैं, जिनमें न केवल वे शामिल हैं जो मनुष्यों ने एक बार किए थे, बल्कि वे जो मानव श्रमिकों द्वारा कभी नहीं किए जा सकते थे। स्वचालन के लिए डिजिटल मार्केटिंग के कुछ पहलुओं पर विचार करें:

- पीपीसी प्रबंधन और अनुकूलन (उदाहरण के लिए, प्रदर्शन नियमों के अनुसार विज्ञापन व्यय समायोजन)
- सोशल मीडिया एंगेजमेंट (डीएम ऑटो-रिस्पॉन्डर्स, ऑटो-एंगेजमेंट)
- पोस्टिंग (पोस्ट शेड्यूलिंग)

लागू करने के लिए स्वचालन का सबसे आसान प्रकार SaaS, या सॉफ्टवेयर-ए-ए-सर्विस है, जो आपको सॉफ़्टवेयर का उपयोग करने के लिए मासिक सदस्यता का भुगतान करने देता है जो आपकी डिजिटल गतिविधियों के कुछ पहलू को स्वचालित करता है।

उदाहरण के लिए, मैं मेरे अमेज़ॅन विज्ञापनों को प्रबंधित करने के लिए कुछ समय के लिए एडड्रोइड में इवान के साथ काम किया। उनका सॉफ्टवेयर स्वचालित रूप से शीर्ष प्रदर्शन करने वाले कीवर्ड की पहचान करता है और समय के साथ विज्ञापन बोलियों को बदल देता है। इस तरह, स्वयं कुछ भी

कोडिंग किए बिना, आप डिजिटल वर्कफ़्लो को स्वचालित करने के लिए शक्तिशाली सॉफ़्टवेयर टूल का लाभ उठा सकते हैं।

मैं नीचे कुछ लोकप्रिय डिजिटल स्वचालन सेवाओं को सूचीबद्ध करूंगा, साथ ही साथ उनका इच्छित उद्देश्य भी:

- **Zapier** - 5,000 ऐप्स में कस्टम स्वचालन।
- **Hootsuite** - पोस्ट शेड्यूल करें, प्रतियोगिता की निगरानी करें, और अद्वितीय विश्लेषिकी देखें।
- **बाद में** - पोस्ट शेड्यूल करें और टिप्पणियों का प्रबंधन करें।
- **टेलविंड** - शेड्यूलिंग और एनालिटिक्स टूल, Pinterest के लिए सबसे अच्छा।
- **CoSchedule** - मास पोस्ट शेड्यूलर।
- **Iconosquare** - उन्नत विश्लेषिकी.
- **BuzzSumo** - ट्रेंडिंग विषयों और प्रभावशाली लोगों की पहचान करें।
- **Scoop.it** - अन्य स्रोतों से सामग्री को क्यूरेट करें।
- **उल्लेख** करें - देखें कि आपके ब्रांड का उल्लेख कहां किया गया है, प्रभावशाली लोगों की पहचान करें, और वास्तविक समय में कीवर्ड की निगरानी करें।

- **MeetEdgar** - सामग्री की एक लाइब्रेरी बनाएं जिसे आप विभिन्न प्लेटफार्मों पर साझा करना चाहते हैं और इसे स्वचालित रूप से शेड्यूल और आपके लिए साझा करें।
- **SocialPilot** - पोस्ट शेड्यूलिंग, टीम सहयोग, थोक अपलोड, फेसबुक विज्ञापन अभियान प्रबंधन।
- **फेसबुक पेज प्रबंधक** - अपने फेसबुक पेजों को प्रबंधित करें।
- **Zoho Social** - शेड्यूलर और एनालिटिक्स टूल, उन टीमों के लिए बहुत अच्छा है जो डिजिटल रूप से सहयोग करते हैं।
- **PromoRepublic** - स्थानीय विपणन मंच.
- **ऑडिएंस कनेक्ट** - ट्विटर प्रबंधन।
- **नेपोलियन कैट** - क्रॉस-प्लेटफ़ॉर्म अभियानों के लिए स्वचालन सुविधाओं की विस्तृत श्रृंखला।

डिजिटल सहयोग का प्रबंधन करने के लिए अन्य उपकरणों का उपयोग निम्नानुसार किया जा सकता है:

- **स्लैक** - आंतरिक संचार।
- **आसन** - परियोजनाओं पर सहयोग करें।
- **Trello** - अपनी परियोजनाओं को व्यवस्थित करें।

संक्षेप में, स्वचालन डिजिटल संचालन की लागत (समय और प्रयास के साथ-साथ धन के संदर्भ में) को कम करने के लिए एक दूसरा तरीका प्रस्तुत करता है। दक्षता लक्ष्य है: चूंकि सोशल मीडिया एक दीर्घकालिक खेल है, इसलिए आउटपुट को बनाए रखते हुए सोशल मीडिया और सभी प्रकार के डिजिटल संचालन में लगाए गए अल्पकालिक काम और रचनात्मक प्रयास को समाप्त करना किसी भी डिजिटल प्रयास की दीर्घायु और सफलता सुनिश्चित करता है।

विज्ञापन

भुगतान किए गए विज्ञापन में कुशल लोगों और कंपनियों के पास अनिवार्य रूप से मनी प्रिंटर तक पहुंच है। फेसबुक और टिकटॉक से लेकर गूगल और यूट्यूब तक विज्ञापन चैनलों की अधिकता उपलब्ध है। अधिकांश विज्ञापनों का उद्देश्य सेवा के उत्पाद को बेचना है, हालांकि कुछ बड़ी कंपनियां ब्रांड सद्भावना बनाने के लिए बड़े पैमाने पर अभियान चलाती हैं। किसी उत्पाद या सेवा को बेचने के लिए डिज़ाइन किए गए अच्छे विज्ञापन जीवन-काल लाभदायक होते हैं; विज्ञापनों से अर्जित लाभ विज्ञापन खर्च से अधिक है, जरूरी नहीं कि अल्पावधि में, बल्कि व्युत्पन्न जीवनकाल ग्राहक मूल्य (एलटीवी) को ध्यान में रखते हुए।

चूंकि भुगतान किए गए विज्ञापन इतने स्केलेबल हैं और इतने सारे करोड़ों लोगों तक पहुंचते हैं, ब्रेकवेन या लाभदायक विज्ञापन एक अविश्वसनीय रूप से मूल्यवान उपकरण हैं। बेशक, ऑनलाइन विज्ञापन एक रहस्य नहीं है, और यह आसान नहीं है। कई विज्ञापन ऑपरेटर अपने उत्पादों के लिए ट्रैफ़िक और बिक्री को चलाने के लिए नुकसान पर काम करते हैं, इस उम्मीद में कि भुगतान विपणन अंततः जैविक गति बनाता है।

विज्ञापन खर्च की उद्देश्य लाभप्रदता से कोई फर्क नहीं पड़ता, किसी कंपनी के विज्ञापनों की प्रभावशीलता में सुधार करने की क्षमता वाला व्यक्ति,

चाहे वह प्रभावशीलता कुछ भी हो, उस संगठन के लिए बड़े डॉलर के लायक है। एक व्यक्ति जो भुगतान किए गए विज्ञापन में उत्कृष्टता प्राप्त करता है, वह अपनी पसंद की वेबसाइटों पर भारी मात्रा में लक्षित ट्रैफ़िक चला सकता है, और कई व्यक्तिगत उद्यमी इसका उपयोग अपने स्वयं के कार्यों में करते हैं।

तो, भुगतान किए गए विज्ञापन में क्या शामिल है? आम तौर पर, विज्ञापन में एक फ़नल शामिल होता है। प्रत्येक विज्ञापन फ़नल इसमें कई चरण हैं, जो लोगों को शीर्ष स्तर पर ब्रांड और व्यवसाय से परिचित कराते हैं, और उन्हें सबसे निचले स्तर पर भुगतान करने वाले ग्राहकों में बदल देते हैं। फ़नल को हमेशा खरीद बिंदु की ओर फ़नल करने की आवश्यकता नहीं होती है, बस ब्रांड और सामाजिक रणनीति अनुभागों में पहचाने जाने वाले KPI की ओर। उदाहरण के लिए, एक सैद्धांतिक व्यवसाय के निम्नलिखित फ़नल पर विचार करें:

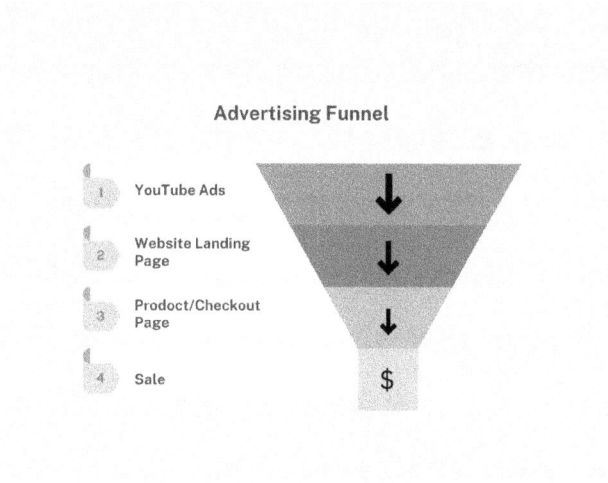

Advertising Funnel

1 YouTube Ads

2 Website Landing Page

3 Prodoct/Checkout Page

4 Sale

महान भुगतान किए गए विज्ञापन फ़नल बनाना सिर्फ विज्ञापनों के बारे में नहीं है। इसके बजाय, फ़नल के प्रत्येक चरण को अगले चरण में अधिक से अधिक लोगों को लाने के लिए अनुकूलित किया जाना चाहिए। सैद्धांतिक मामले में बता दें कि छोटे कारोबार के यूट्यूब विज्ञापन को 10 लाख लोग देखते हैं। 1 मिलियन में से, केवल 10,000 विज्ञापन पर क्लिक करते हैं और लैंडिंग पृष्ठ पर प्रगति करते हैं। फिर, उत्पाद चेकआउट पृष्ठ पर केवल 1,000 प्रगति करते हैं, और 100 बिक्री में परिवर्तित हो जाते हैं। किसी भी स्तर पर, फ़नल में एक बुरा कदम (जैसे, एक खराब वेबसाइट, विज्ञापन, या चेकआउट पृष्ठ) परिणामों को काफी प्रभावित कर सकता है। इस तरह, प्रत्येक चरण पर यह सुनिश्चित करने के लिए काम किया जाना चाहिए कि सर्वोत्तम संभव समग्र फ़नल बनाया गया है। आइए फ़नल के प्रत्येक चरण को बनाने और सुधारने के लिए युक्तियों का पता लगाएं।

एक भुगतान किए गए विज्ञापन फ़नल के शीर्ष पर एक विज्ञापन है, जो किसी दिए गए माध्यम के उपयोगकर्ताओं को दिखाया जाता है, जैसे कि सोशल नेटवर्किंग वेबसाइट। विज्ञापन आमतौर पर पूरे फ़नल का सबसे कम-रूपांतरण चरण होते हैं क्योंकि उपयोगकर्ता अधिकांश प्लेटफार्मों पर विज्ञापनों के अधिक संपर्क में होते हैं। जबकि विज्ञापन निर्माण के विषय को प्रति-विज्ञापन प्लेटफ़ॉर्म अनुभागों में अच्छी तरह से खोजा जाएगा, विज्ञापन बनाते समय बोर्ड (और सभी प्लेटफार्मों पर) में इन प्रमुख चीजों पर ध्यान केंद्रित करें:

अपने दर्शकों को ध्यान में रखते हुए बनाएं। आप सभी के लिए विज्ञापन नहीं बना रहे हैं। आप अपने दर्शकों (अपने भविष्य के ग्राहकों) के साथ मेल खाने के लिए डिज़ाइन किए गए विज्ञापन बना रहे हैं. उस समूह और उनकी विशिष्ट समस्याओं को तीव्र फोकस में रखें।

कॉपी राइटिंग/स्पीकिंग। प्रारूप (फोटो, वीडियो, पाठ, आदि) के आधार पर, आपके पास एक संक्षिप्त समय होता है जिसमें आप अपने दर्शकों को संदेश संवाद कर सकते हैं। वीडियो विज्ञापनों में, आपके पास एक संक्षिप्त हुक (लंबाई के आधार पर) होना चाहिए, जबकि फोटो और टेक्स्ट-आधारित विज्ञापनों में, एक आकर्षक शीर्षक अनिवार्य है। सादगी पर काम करें और ब्रांड रणनीति अनुभाग में पहचाने गए ब्रांड टैगलाइन को शामिल करें। इन सबसे ऊपर, सुनिश्चित करें कि यदि आप किसी संभावित ग्राहक के जूते में थे, तो आप

अपना विज्ञापन देखते रहेंगे (कुछ दोस्तों से भी पूछें-आप थोड़ा पक्षपाती हो सकते हैं)।

डिजाइन (दृश्य)। दृश्य, या छवियां, आपके द्वारा उत्पादित विज्ञापन के प्रकार पर निर्भर हैं। वीडियो विज्ञापन ग्राफ़िक्स से या पाठ विज्ञापनों से नेत्रहीन रूप से भिन्न होते हैं. जब वीडियो विज्ञापनों की बात आती है, तो दृश्य और डिज़ाइन तत्वों को मैसेजिंग और कॉल-टू-एक्शन का समर्थन और आगे बढ़ना चाहिए। उन विकल्पों पर ब्रांड रणनीति अनुभाग और आधार डिजाइन पर वापस सोचें। पेसिंग और लंबाई पर विचार करें- आप सिर्फ 15-सेकंड का वीडियो विज्ञापन बनाना चाहते हैं, या शायद 2 मिनट का लंबा वीडियो बनाना चाहते हैं। इन विकल्पों पर पूरे YouTube विज्ञापन अनुभाग में गहराई से विचार किया जाएगा। फोटो-आधारित विज्ञापनों के लिए, यह और भी महत्वपूर्ण है कि दृश्य तत्व विज्ञापन के मैसेजिंग और कॉल-टू-एक्शन का समर्थन करें। इसे सरल और ऑन-ब्रांड रखें।

संदेश। प्रारंभिक हुक से परे, महान उत्पाद-केंद्रित विज्ञापन स्पष्ट रूप से दर्शकों को अपने व्यवसाय और पेशकश के मूल्य प्रदान करते हैं। अधिकांश एक समस्या की पहचान करते हैं या संकेत देते हैं और पेश किए जा रहे समाधान का वर्णन करते हैं, अक्सर इस तरह से जो सामाजिक प्रमाण को शामिल करता

है। कोई फर्क नहीं पड़ता कि आप किस प्रकार के विज्ञापनों का उत्पादन करते हैं, संदेश को ध्यान में रखें, और इसे छोटा और शक्तिशाली रखें।

कॉल-टू-एक्शन। कॉल-टू-एक्शन ग्राहकों को आपके KPI की ओर ले जाने वाले कार्यों को लेने के लिए प्रोत्साहित करते हैं। कॉल-टू-एक्शन "अभी खरीदें", "कॉल बुक करें" या "अधिक जानें" का रूप ले सकते हैं। जो भी हो, इसकी दृष्टि स्पष्ट और प्रत्यक्ष सुनिश्चित करें। व्यवसाय के मूल्य प्रस्ताव से परे कुछ प्रकार के प्रोत्साहन की पेशकश करने पर विचार करें, जैसे कि छूट, परीक्षण, या इनाम, और तात्कालिकता बढ़ाने का लक्ष्य रखें।

विज्ञापनों से प्राप्त रूपांतरणों के बाद, ग्राहकों को आमतौर पर किसी प्रकार के लैंडिंग पृष्ठ पर निर्देशित किया जाता है। एक लैंडिंग पेज एक स्टैंडअलोन वेब युग है जो विशेष रूप से एक विपणन अभियान के लिए बनाया गया है। वैकल्पिक रूप से, आप दर्शकों को अपने व्यवसाय की एक सामाजिक प्रोफ़ाइल पर निर्देशित कर सकते हैं, जिस पर आप अनुसरण बढ़ाना चाहते हैं। लैंडिंग पेज आम तौर पर उपयोगकर्ताओं को फ़नल के अंतिम चरण में फ़नल देता है, चाहे वह ईमेल सूची में शामिल हो रहा हो, स्टोर के भौगोलिक स्थान पर जा रहा हो, या ऑनलाइन उत्पाद खरीद रहा हो। लैंडिंग पृष्ठ या वेबसाइट बनाते समय, इन सर्वोत्तम प्रथाओं पर विचार करें:

स्पष्ट रूप से एक संदेश का संचार करें। अधिकांश लोग आपके लैंडिंग पृष्ठ को तुरंत क्लिक करेंगे। आपके पृष्ठ में एक मजबूत शीर्षक होना चाहिए जो संक्षिप्त रूप से पृष्ठ के मूल्य को प्रदान करता है (एक दर्शक को चारों ओर क्यों रहना चाहिए)। आप अपने व्यवसाय की टैगलाइन का उपयोग कर सकते हैं या छूट की पेशकश कर सकते हैं। कोई फर्क नहीं पड़ता कि आप इसे कैसे करते हैं, सुनिश्चित करें कि आपके लक्षित दर्शकों में कोई व्यक्ति जिसके पास आपके व्यवसाय के लिए कोई पूर्व जोखिम नहीं है, वह चारों ओर रहना चाहेगा।

जीवंत दृश्य और सम्मोहक प्रतिलिपि। यह आपकी ब्रांड रणनीति में समग्र रूप से जुड़ा हुआ है- सुनिश्चित करें कि दृश्य (जो जरूरी हैं!) और लैंडिंग पृष्ठ के रंग व्यवसाय की वाइब का संचार करते हैं। उदाहरण के लिए, यदि आप एक व्यक्तिगत इंटीरियर डिज़ाइन एजेंसी हैं, तो आप हल्के, मैत्रीपूर्ण रंगों और खुश ग्राहकों और टीम के सदस्यों की छवियों के लिए जाने का विकल्प चुन सकते हैं। यदि आप कॉर्पोरेट ग्राहकों को ऑपरेशन परामर्श की पेशकश करते हैं, तो आप डेटा-संचालित दृश्यों के साथ एक गहरे और अधिक परिष्कृत रंग सेट का उपयोग कर सकते हैं। इसके अतिरिक्त, सुनिश्चित करें कि आपकी हेडलाइन संक्षिप्त लेकिन शक्तिशाली कॉपी राइटिंग के बाद है। प्रशंसापत्र, ग्राहकों के साथ तस्वीरें, और सामाजिक प्रमाण दृश्य (कुछ भी जो आपको बताता है कि आप वास्तविक और पेशेवर हैं) सभी अच्छी तरह से काम करते हैं।

मजबूत कॉल-टू-एक्शन। आपका कॉल-टू-एक्शन पेज के दर्शकों को एक ऐसी कार्रवाई करने के लिए प्रेरित करता है जो उन्हें आपके फ़नल के साथ आगे बढ़ाता है। उदाहरण के लिए, "डाउनलोड", "इसे अभी प्राप्त करें", और "कॉल बुक करें" सभी कॉल-टू-एक्शन हैं। सुनिश्चित करें कि आपके लैंडिंग पृष्ठ पर कॉल-टू-एक्शन स्पष्ट है और पृष्ठ के सभी तत्व दर्शकों को इसकी ओर ले जाते हैं। आप लोगों को कॉल-टू-एक्शन लेने के लिए प्रोत्साहित करने के लिए किसी प्रकार की छूट या इनाम की पेशकश कर सकते हैं।

सुनिश्चित करें कि कॉल-टू-एक्शन साइनअप प्रक्रिया मुश्किल नहीं है। "कॉल बुक करें" पर क्लिक करना और फिर व्यक्तिगत जानकारी के पृष्ठों को भरना, उदाहरण के लिए, कॉल-टू-एक्शन बटन पर क्लिक करने के बाद भी साइन-अप दरों को काफी कम करना सुनिश्चित है। इसके बजाय, सरल और छोटा करें ग्राहक अनुभव जितना संभव हो उतना उचित है।

अब हमने एक भुगतान किए गए विज्ञापन फ़नल बनाने में शामिल बड़े-चित्र चरणों का पता लगाया है- पहले विज्ञापन, फिर लैंडिंग पृष्ठ, और अंत में कॉल-टू-एक्शन और परिणामस्वरूप व्यवहार। अब हम शीर्ष विज्ञापन प्लेटफार्मों के विवरण और प्रत्येक के लिए सर्वोत्तम प्रथाओं में प्रगति करेंगे।

Google विज्ञापन

Google विज्ञापन सर्वोत्कृष्ट खोज इंजन विज्ञापन मंच है. यह 70,000 लोगों को हर सेकंड कुछ गुगलकरने वाले विज्ञापनों की सेवा करता है और कुल मिलाकर अपने चार अरब उपयोगकर्ताओं को।

Google विज्ञापन औसतन 2% की क्लिक-थ्रू दर है, जिसका अर्थ है कि एक उपयोगकर्ता पर पचास क्लिक में एक उपयोगकर्ता नियमित विज्ञापन. 1.2 मिलियन व्यवसाय Google विज्ञापनों का उपयोग करते हैं, जबकि व्यवसाय प्रति विज्ञापन डॉलर खर्च करने पर औसतन $ 2 का राजस्व कमाते हैं.

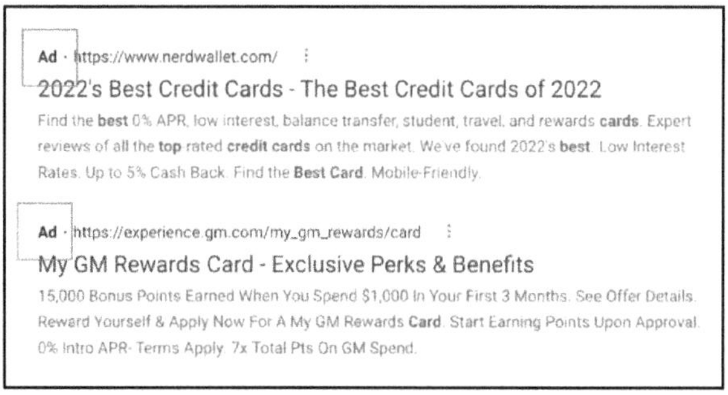

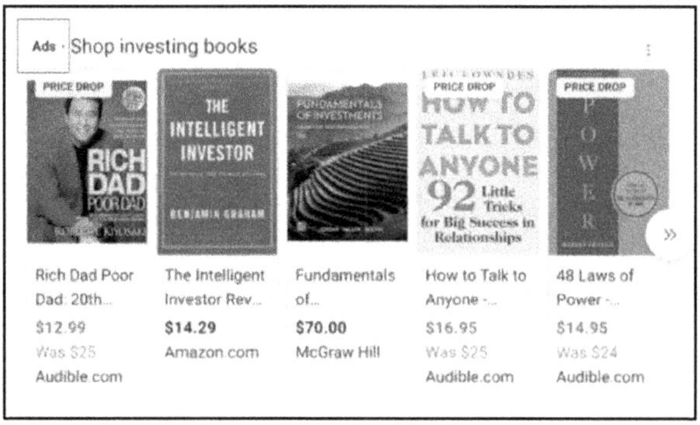

संक्षेप में, Google विज्ञापन सभी प्रकार के व्यवसायों के लिए एक शक्तिशाली उपकरण है। Google विज्ञापन PPC पर बनाए जाते हैं, या पे-प्रति-क्लिक, मॉडल। इसका मतलब है कि आप केवल तभी भुगतान करते हैं जब आपके विज्ञापन पर क्लिक किया जाता है- यदि 100 में से 1 व्यक्ति विज्ञापन पर क्लिक करता है, तो आप केवल एक क्लिक के लिए भुगतान करते हैं, सौ दृश्यों के लिए नहीं (इंप्रेशन के रूप में जाना जाता है)). न केवल Google विज्ञापनों की बात आने पर, बल्कि सभी PPC विज्ञापन प्लेटफ़ॉर्म के लिए निम्नलिखित शर्तों को ध्यान में रखें:

- एक **संकेतशब्द** आपका विज्ञापन देखने वाले उपयोगकर्ताओं द्वारा खोजा गया शब्द या वाक्यांश है.
- क्लिक-थ्रू दर, के रूप में जाना जाता है **सीटीआर** नहीं तो **CTW**क्लिक को इंप्रेशन से विभाजित किया जाता है, या आपके विज्ञापन पर क्लिक करने वाले लोगों की संख्या बनाम इसे देखने वाले लोगों की संख्या (उदाहरण के लिए, यदि एक सौ लोगों में से एक विज्ञापन पर क्लिक करता है, तो CTR 1% है).
- एक **बोली** यह है कि आप प्रत्येक क्लिक के लिए कितना भुगतान करने के लिए तैयार हैं। विज्ञापन प्लेटफ़ॉर्म नीलामी घरों की तरह काम करते हैं: यह देखते हुए कि कई व्यवसाय एक ही कीवर्ड के लिए

प्रतिस्पर्धा कर रहे हैं, केवल उच्चतम बोली वाले विज्ञापन को प्लेसमेंट मिलता है।[16]

- तुम्हारा **सीपीसी**, या प्रति क्लिक लागत, क्लिक की संख्या से विभाजित विज्ञापनों की लागत है।

- **आरओएएस**, या विज्ञापन खर्च पर वापसी, कुल रूपांतरण मूल्य (उदाहरण के लिए, बेची गई इकाइयाँ, या उत्पन्न ग्राहक) के बराबर है, जो कुल लागत से विभाजित है। यह इस तरह से आरओआई के समान है, हालांकि ध्यान रखें कि यह लागत से विभाजित राजस्व पर आधारित है, न कि लाभ पर।

इन शर्तों को ध्यान में रखते हुए, Google विज्ञापनों के साथ शुरुआत करने के लिए ads.google.com पर जाएं। ध्यान दें कि Google पहली बार विज्ञापनों पर $ 500 खर्च करने वाले उपयोगकर्ताओं को $500 का निःशुल्क विज्ञापन क्रेडिट देता है.

एक बार जब आप अपने व्यावसायिक ईमेल के साथ साइन अप करते हैं, तो कुछ संक्षिप्त सेटअप चरणों का पालन करें। आप "अब अपना विज्ञापन लिखने का समय है" पृष्ठ पर पहुंचेंगे।

---

[16] यह एक सरलीकरण है। अभी के लिए इसके साथ रहें, लेकिन ध्यान रखें कि गुणवत्ता मायने रखती है, न कि केवल बोली मूल्य।

कॉपी लिखते समय, इसे सरल रखने पर ध्यान केंद्रित करें। आपके पास सीमित स्थान है, इसलिए अपने लक्षित दर्शकों और संदेश पर वापस सोचें। कार्रवाई के लिए कॉल शामिल करें, और सुनिश्चित करें कि आपके विज्ञापन विज्ञापन पर क्लिक करने और फ़नल के नीचे प्रगति करते समय दर्शकों को अनुभव के अनुरूप लाइन अप करें। सामाजिक प्रमाण का उपयोग करें, और यदि आप स्थानीय रूप से विज्ञापन देने का इरादा रखते हैं, तो स्पष्ट करें कि आप एक विशिष्ट स्थानीय क्षेत्र की सेवा करते हैं।

अगले पृष्ठ पर, विशिष्ट और प्रासंगिक कीवर्ड चुनें जिन्हें आप अपने उत्पाद या सेवा में रुचि रखने वाले किसी व्यक्ति की कल्पना करते हैं खोज करेंगे। उसके बाद, वे स्थान निर्दिष्ट करें जिनमें आप अपना विज्ञापन दिखाना चाहते हैं. यदि आप भौतिक स्थान के साथ एक व्यवसाय हैं, तो हाइपर-लोकल पर जाएं। यदि नहीं, तो उन क्षेत्रों को चुनें जो आपके द्वारा लक्षित जनसांख्यिकीय का प्रतिनिधित्व करते हैं।

अंत में, एक उचित बजट चुनें (छोटे से शुरू करें, लेकिन इतने छोटे नहीं कि परिणामों को मापना मुश्किल होगा)। एक बार जब आप भुगतान जानकारी जोड़ते हैं, तो आप जाने के लिए तैयार हैं! बस पुष्टि करें कि $ 500 क्रेडिट ऑफ़र आपके खाते पर लागू होता है (भुगतान जानकारी जोड़ते समय देखने योग्य)।

The Google एल्गोरिथ्म बोलियों में एक गुणवत्ता स्कोर शामिल करता है। इस कारण से, नए खातों और अभियानों को उठने और रोल करने में

कुछ समय लग सकता है-समझ लें कि यह Google आपके विज्ञापन की गुणवत्ता का पता लगा रहा है, न कि आपकी कोई गलती।

जब आप Google विज्ञापनों का उपयोग करना जारी रखते हैं, तो निम्न रणनीतियों और सर्वोत्तम प्रथाओं पर विचार करें:

- **ए / बी परीक्षण सुर्खियां और विवरण।** विज्ञापन गेम जितना संभव हो उतने विज्ञापनों और कीवर्ड का परीक्षण करने और सर्वश्रेष्ठ प्रदर्शन करने वालों की पहचान करने के लिए उनके माध्यम से सॉर्ट करने के बारे में है। ऐसा करने के लिए, नए विज्ञापन बनाकर A/B परीक्षण करें जो शीर्ष प्रदर्शन करने वाले विज्ञापनों के केवल एक चर को बदलते हैं. उदाहरण के लिए, यदि कनाडा में लोगों को "कैमरा गियर खरीदें" खोज शब्द के साथ लक्षित करना आपका शीर्ष प्रदर्शन करने वाला विज्ञापन है, तो यूनाइटेड किंगडम में उसी कीवर्ड के साथ विज्ञापन करने का प्रयास करें। समय के साथ इस तरह से विभाजित परीक्षण, साथ ही जनसांख्यिकीय और रुचि क्षेत्रों (अन्य प्लेटफार्मों के साथ-साथ Google पर) पर परत चढ़ाना, दीर्घकालिक पीपीसी सफलता के लिए आजमाया हुआ फॉर्मूला है।
- **समय के साथ कम प्रदर्शन करने वाले कीवर्ड और स्थानों को हटा दें।** बहुत सारे कीवर्ड का परीक्षण करके और लगातार सबसे कम उपज

वाले विज्ञापनों को हटाकर, आप सबसे अधिक लाभदायक, कम से कम लागत वाले विज्ञापनों का निर्माण करेंगे।

- **प्रतिस्पर्धियों के कीवर्ड पर विज्ञापन दें।** यदि लोग उन प्रतिस्पर्धियों की खोज करते हैं जो आपके समान उत्पादों या सेवाओं की पेशकश करते हैं, तो वे संभवतः आपके उत्पादों और सेवाओं में भी रुचि लेंगे। इसलिए, बस अपने प्रतिस्पर्धियों के नामों को उन कीवर्ड के रूप में जोड़ें जिन पर आपके विज्ञापन प्रदर्शित होंगे। इस रणनीति का उपयोग करते समय, इस बात पर ध्यान केंद्रित करें कि सुर्खियों और विवरणों में आपको प्रतियोगिता से क्या अलग करता है।

ध्यान दें कि ये रणनीतियाँ एक पुस्तक प्रचार में कैसे चलती हैं जिसे मैं वर्तमान में चला रहा हूं (नीचे)। विज्ञापन कम 1% सीटीआर और इसी तरह कम $ 0.05 सीपीसी पर काम कर रहा है। यह देखते हुए कि लगभग 3% क्लिक बिक्री में परिवर्तित होते हैं और प्रत्येक बिक्री से प्राप्त औसत लाभ $ 3.5 है, विज्ञापन विज्ञापन पर खर्च किए गए प्रति डॉलर सकल लाभ में $ 1.8, या $ 1.8 का लाभ आरओएएस उत्पन्न कर रहा है।

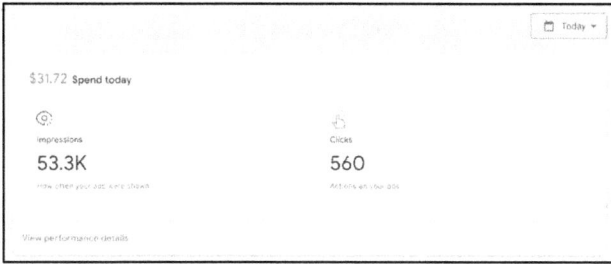

इन अतिव्यापी रणनीतियों के अलावा, यहां कुछ उपकरण दिए गए हैं जो आपको कीवर्ड की पहचान करने और विज्ञापनों को अनुकूलित करने में मदद कर सकते हैं:

- **SEMrush**: शक्तिशाली कीवर्ड अनुसंधान और विश्लेषण।
- **SpyFu:** कीवर्ड ट्रैकिंग और प्रतिस्पर्धी अनुसंधान.
- **जनता को जवाब दें**: देखें कि लोग क्या खोज रहे हैं।
- **ClickCease**: क्लिक धोखाधड़ी रोकें और फ़ार्म क्लिक करें.
- **Dashword**: विज्ञापन प्रतिलिपि ऑप्टिमाइज़ करें.

मैं यह कहते हुए अपनी बात समाप्त करूंगा कि Google दुनिया का अब तक का सबसे बड़ा विज्ञापन मंच है, जिसके विज्ञापनों पर अरबों उपभोक्ता क्लिक कर रहे हैं। इसे समय दें और समझें कि पीपीसी की सफलता की बात आने पर लाभप्रदता केवल भाग्य पर निर्भर नहीं है, बल्कि अभियानों को अनुकूलित करने के लिए आपके द्वारा किए गए काम पर निर्भर है।

YouTube विज्ञापन

दुनिया की अग्रणी वीडियो-शेयरिंग साइट के रूप में, YouTube प्रति माह दो अरब से अधिक अद्वितीय आगंतुकों को लॉग करता है। टेक्स्ट-आधारित Google विज्ञापनों के सापेक्ष, YouTube आपको दर्शकों के सामने अत्यधिक दृश्य में आने देता है- और यदि सही, आकर्षक तरीके से किया जाता है।

चूंकि Google YouTube का मालिक है, इसलिए YouTube विज्ञापन Google विज्ञापन प्लेटफ़ॉर्म पर सेटअप किए जा सकते हैं, और YouTube आपको Google खोज परिणामों में वीडियो का विज्ञापन करने देता है.[17] हम YouTube प्लेटफ़ॉर्म के भीतर वीडियो विज्ञापन पर ध्यान केंद्रित करेंगे।

YouTube विज्ञापनों का उपयोग YouTube चैनल पर सहभागिता बढ़ाने और ग्राहक वृद्धि बढ़ाने के लिए किया जा सकता है, या (जैसा कि अधिक लोकप्रिय है) दर्शकों को अंततः किसी दिए गए व्यवसाय के साथ जुड़ने के लिए फ़नल से नीचे लाने के लिए किया जा सकता है। मेरे नीचे दिए गए अभियान में, गंदगी-सस्ते सीपीवी, या लागत-प्रति-दृश्य पर ध्यान दें। अनिवार्य रूप से, लगभग $ 100 के लिए, यह अभियान उस समय चैनल की औसत दृश्य गणना को प्रभावी ढंग से 10 गुना करने में सक्षम था, चैनल के पीछे व्यवसाय के आसपास के क्षेत्र में लगभग 300,000 लोगों को विज्ञापन प्रदर्शित करता था, और महत्वपूर्ण ग्राहक आकर्षण उत्पन्न करता था।

---

[17] साथ ही YouTube के भीतर टेक्स्ट-ओनली विज्ञापनों का विज्ञापन करें।

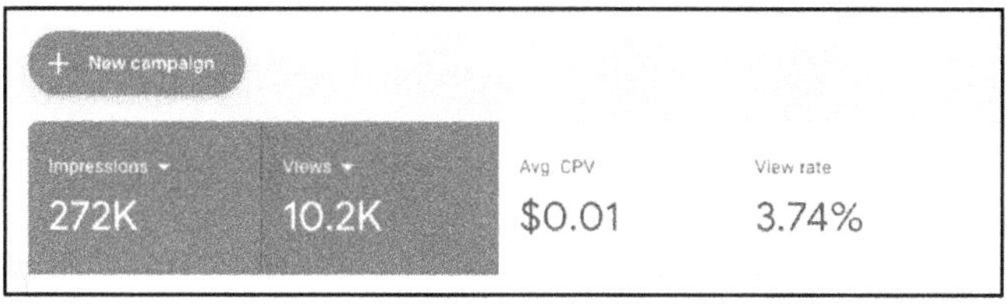

वैकल्पिक रूप से, नीचे दिए गए अभियान पर ध्यान दें, जिसे क्लिक उत्पन्न करने और ग्राहकों को वेबसाइट पर चलाने के लिए डिज़ाइन किया गया था। इन विपरीत मॉडलों में से कोई भी, या दोनों के कुछ संयोजन, आपके डिजिटल और सामाजिक रणनीति उद्देश्यों के अनुसार उपयोग किया जा सकता है।

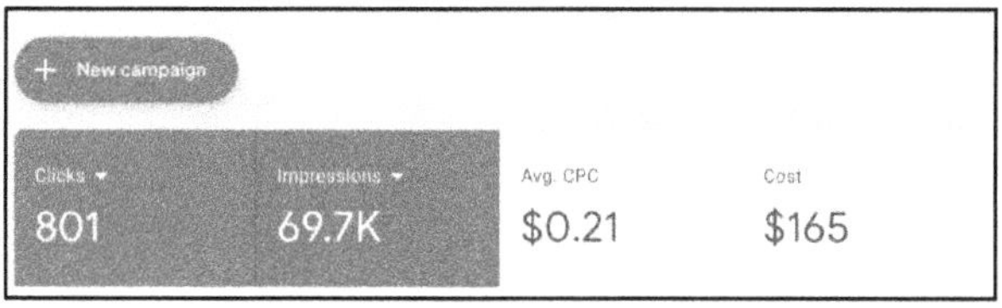

अब, विभिन्न प्रकार के YouTube विज्ञापनों पर ध्यान दें, जो निम्नानुसार हैं:

स्किप करने योग्य इन-स्ट्रीम वीडियो विज्ञापन: ये विज्ञापन पहले (प्री-रोल) या वीडियो (मिड-रोल) के दौरान चलते हैं और पांच सेकंड के बाद छोड़े जा सकते हैं। पीपीसी मॉडल की तरह, आप केवल तभी भुगतान करते हैं जब कोई दर्शक विज्ञापन पर क्लिक करता है या पूरे वीडियो (यदि लंबाई में तीस सेकंड से कम है) या पहले तीस सेकंड देखता है।

गैर-स्किप करने योग्य इन-स्ट्रीम वीडियो विज्ञापन चूंकि अधिकांश YouTube दर्शक स्वचालित रूप से पांच सेकंड के निशान पर विज्ञापन छोड़ देते हैं, इसलिए YouTube गैर-स्किप करने योग्य इन-स्ट्रीम विज्ञापन प्रदान करता है। ये विज्ञापन, जिनकी लंबाई 15 सेकंड तक हो सकती है, उपयोगकर्ताओं द्वारा छोड़ा नहीं जा सकता है और वीडियो से पहले या उसके दौरान चलाया नहीं जा सकता है। हालांकि, YouTube प्रति-क्लिक या प्रति-दृश्य के विपरीत, गैर-स्किप करने योग्य विज्ञापनों के लिए इंप्रेशन के लिए शुल्क लेता है. इसलिए, गैर-स्किप करने योग्य विज्ञापनों की बढ़ी हुई लागत को बढ़ी हुई व्यस्तता के खिलाफ तौला जाना चाहिए।[18]

खोज के विज्ञापन किसी वीडियो से पहले या उसके दौरान खोज परिणामों के साथ दिखाएँ. सीधे वीडियो देखने वाले दर्शकों के विपरीत, उनके पास उस पर क्लिक करने और संबंधित वीडियो या चैनल की ओर निर्देशित होने का विकल्प है। डिस्कवरी विज्ञापन एक वीडियो के अलावा टेक्स्ट की तीन पंक्तियों की अनुमति देते हैं, और इस कारण से, स्नैपी कॉपी वाले व्यवसायों के लिए अच्छे होते हैं (विशेष रूप से कॉपी स्क्रिप्ट जो अन्य विज्ञापन प्लेटफार्मों पर अच्छी तरह से काम करते हैं) और वीडियो-केवल दृष्टिकोण पर कम ध्यान केंद्रित करते हैं।

---

[18] बंपर विज्ञापन भी हैं, जो गैर-स्किप करने योग्य विज्ञापनों का एक रूप हैं जिनकी लंबाई सिर्फ 6 सेकंड है। लंबाई को देखते हुए, बम्पर विज्ञापन ब्रांड पहुंच और जागरूकता अभियानों के लिए सबसे अच्छे हैं, न कि स्थानीय दर्शकों तक पहुंचने या किसी उत्पाद को बेचने पर केंद्रित अभियानों के लिए।

प्रारंभिक अभियान सेट अप करने के लिए, अपने Google विज्ञापन खाते में साइन इन करें या ads.google.com पर साइन अप करें (ध्यान दें कि आपके Google विज्ञापन खाते पर $ 500 क्रेडिट YouTube विज्ञापनों पर भी लागू हो सकता है).

"नया अभियान" पर क्लिक करें. अभियान उद्देश्य चुनें, ठीक वैसे ही जैसे आप Google विज्ञापन सेट करते समय चुनते हैं, और अभियान प्रकार का चयन करते समय, "वीडियो" चुनना सुनिश्चित करें.[19] आपको रूपांतरण ट्रैकिंग सेट करने की आवश्यकता हो सकती है, जो आपके द्वारा चुने गए उद्देश्य के आधार पर एक सरल वेबसाइट एकीकरण है।

फिर, अभियान उपप्रकार का चयन करें (जो ऊपर वर्णित विज्ञापन प्रकार हैं). अभी के लिए "आउटस्ट्रीम" और "विज्ञापन अनुक्रम" पर ध्यान न दें। विज्ञापन की भाषा, वे स्थान जहां आप विज्ञापन देना चाहते हैं, अभियान लक्ष्य (स्वचालित चयन के साथ जाना ठीक है, और पहली बार उपयोगकर्ता के रूप में प्रति कार्रवाई लक्ष्य लागत सेट करने की कोई आवश्यकता नहीं है) और अपना बजट चुनें.

अब आप एक कस्टम ऑडियंस बना सकते हैं, जिसमें जनसांख्यिकी, रुचि और रीमार्केटिंग शामिल है (उदाहरण के लिए, वे उपयोगकर्ता जो पहले से ही आपकी सामग्री या वेबसाइट से जुड़े हुए हैं)। ब्रांड रणनीति अनुभाग में अपने

---

[19] आप "यूट्यूब विज्ञापन" को गुगल करके सीधे वीडियो विज्ञापन सेटअप पृष्ठ पर भी पहुंच सकते हैं।

व्यवसाय के लिए निर्धारित लक्षित ऑडियंस के आसपास अपनी कस्टम ऑडियंस डिज़ाइन करें. सुनिश्चित करें कि अत्यधिक विशिष्ट न हों, अन्यथा विज्ञापन की पहुंच सीमित हो जाएगी। प्लेसमेंट के लिए- यदि आप ऑनलाइन विज्ञापन के लिए नए हैं, तो कुछ दर्जन कीवर्ड, विषयों और प्लेसमेंट के माध्यम से एक विस्तृत जाल डालें जो आपके लक्षित दर्शकों के लिए फिट होते हैं। Google आपके लिए आपके द्वारा विज्ञापन किए गए वीडियो की सामग्री के आधार पर ऐसा करेगा, इसलिए आप प्लेसमेंट को "किसी भी" के रूप में छोड़ने का विकल्प भी चुन सकते हैं।

आपको एक साथी बैनर के लिए सामग्री जोड़ने की आवश्यकता हो सकती है- यदि हां, तो बस Google को इसे अपने लिए स्वतः उत्पन्न करने दें। अंत में, वीडियो विज्ञापन के तहत प्रदर्शन के लिए एक मजबूत कॉल-टू-एक्शन और हेडलाइन चुनना सुनिश्चित करें।

अब आप "अभियान बनाएँ" पर क्लिक करने के लिए तैयार हैं. आपका विज्ञापन कुछ घंटों के भीतर चलना शुरू हो जाना चाहिए. जब आप YouTube विज्ञापनों को चलाना जारी रखते हैं, तो इन रणनीतियों और युक्तियों को ध्यान में रखें:

सुनिश्चित करें कि आपका **Google विज्ञापन खाता आपके YouTube चैनल से लिंक है**. ऐसा करने के लिए, "उपकरण और सेटिंग्स", "सेटअप" और "लिंक किए गए खाते" पर क्लिक करें।

YouTube विज्ञापनों को अनलिस्टेड पर सेट करें. YouTube विज्ञापन YouTube पर अपलोड किए जाने चाहिए. यदि आप विज्ञापनों के लिए वीडियो का उपयोग करने का इरादा रखते हैं, लेकिन उन्हें अपने मुख्य चैनल पर सार्वजनिक नहीं करना चाहते हैं, तो बस वीडियो सेटिंग्स में दृश्यता को "अनलिस्टेड" पर सेट करें। इसके अतिरिक्त, ऑन-द-गो एनालिटिक्स के लिए YouTube स्टूडियो और Google विज्ञापन ऐप डाउनलोड करें।

अनस्किपेबल लैब्स के एक अध्ययन में, **30 सेकंड के स्किपेबल यूट्यूब विज्ञापनों में सबसे अधिक व्यू-थ्रू दर (वीटीआर) पाई गई।** पहले पांच या उससे अधिक सेकंड सबसे महत्वपूर्ण होते हैं- उस प्रारंभिक समय अवधि में किए गए मूल्य प्रस्ताव, पिच, टैगलाइन या ऑफ़र के आसपास एक विज्ञापन पर ध्यान केंद्रित करें।

विशेष रूप से मोबाइल या डेस्कटॉप देखने के लिए विज्ञापन डिज़ाइन करें. मोबाइल देखने के लिए विज्ञापनों में बड़े और स्पष्ट पाठ और ग्राफिकल तत्व होने चाहिए। डेस्कटॉप रचनात्मक तत्वों और डिजाइन सुविधाओं के लिए अधिक स्थान आवंटित करता है।

अभियान प्रयोगों का लाभ उठाएं। अभियान प्रयोग (फेसबुक पर ए / बी परीक्षण के समान, जैसा कि आ रहा है) उपयोगकर्ताओं को विज्ञापनों को कॉपी करने

और एक या कई चर बदलने देता है। इससे आप यह परीक्षण कर सकते हैं कि कीवर्ड, लैंडिंग पृष्ठ या ऑडियंस जैसे कुछ चर बदलने से विज्ञापन प्रदर्शन कैसे प्रभावित होता है.

गुणवत्ता जीतता है। प्रामाणिकता भी ऐसी ही है। गुणवत्ता और प्रामाणिकता विज्ञापनों के लिए दो विपरीत दृष्टिकोणों का प्रतिनिधित्व करते हैं- जैसे, प्रसिद्ध अभिनेताओं, जटिल सेट और दृश्य प्रभावों के साथ एक सुपरबॉल-फील विज्ञापन बनाम एक व्यक्ति अपने लिविंग रूम में अपने आईफोन 6 पर रिकॉर्डिंग करता है। दोनों थीम काम करते हैं- इस बारे में सोचने के लिए कुछ समय लें कि किस तरह की अतिव्यापी विज्ञापन थीम और शैली आपके ब्रांड को फिट करती है और आपके दर्शकों के साथ सर्वोत्तम तरीके से संवाद करती है। महान विज्ञापन बनाने के लिए बाहरी मदद लाना लगभग हमेशा सही कदम होता है।

प्रतिस्पर्धियों से सीखें, और अपने आप से। यदि आपके लिए समान उत्पादों या सेवाओं की पेशकश करने वाले प्रतियोगी कुछ समय से YouTube विज्ञापन चला रहे हैं, तो उन्हें शायद कुछ पता चला है। अपने विज्ञापनों और अभियानों को डिज़ाइन करने के तरीके पर विचार करते समय उनके विज्ञापनों का उपयोग डेटा बिंदु के रूप में करें. इसके अतिरिक्त, यदि आपको अन्य विज्ञापन प्लेटफ़ॉर्म पर सफलता मिली है, तो उन सीखों को अपने YouTube विज्ञापन

निर्माण और अनुकूलन प्रक्रिया में शामिल करें. आपकी अभिव्यक्त विपणन गतिविधियों (विशेष रूप से डिजिटल विज्ञापन प्लेटफार्मों के बीच) को एक नेटवर्क के रूप में सबसे अच्छा देखा जाता है जो तेजी से सीखता है कि समय के साथ क्या काम करता है और क्या नहीं।

अब हमने YouTube विज्ञापनों को कवर किया है— अगला सामाजिक विज्ञापनों का विशालकाय है.

फेसबुक विज्ञापन

जबकि Google सर्वोत्कृष्ट खोज इंजन (ब्राउज़र) विज्ञापन मंच हो सकता है, फेसबुक क्लासिक सोशल मीडिया विज्ञापन मंच है। फेसबुक के लगभग तीन अरब मासिक सक्रिय उपयोगकर्ता हैं, जबकि फेसबुक विज्ञापनों की औसत रूपांतरण दर (सीटीआर) लगभग 9% है, और सर्वेक्षण किए गए खुदरा विक्रेताओं में से 41% ने कहा कि उनका आरओएएस फेसबुक पर सबसे अधिक था। फेसबुक एक शक्तिशाली विज्ञापन मंच भी है जिसमें यह विज्ञापनदाताओं को उन लोगों को सटीक रूप से लक्षित करने के लिए कई उपकरण प्रदान करता है, जिन तक वह पहुंचना चाहता है, जैसे कि रुचियों, व्यवहारों, इतिहास आदि के माध्यम से। जबकि गोपनीयता चिंताओं के कारण हाल के दिनों में फेसबुक विज्ञापनों की लक्ष्यक्षमता में कमी आई है, फिर भी यह अधिकांश प्रमुख विज्ञापन मंच के सापेक्ष बहुत शक्तिशाली लक्ष्यीकरण टूल प्रस्तुत करता है।

फेसबुक विज्ञापनों को Instagram के साथ एकीकृत किया जाता है (चूंकि मेटा, पूर्व में फेसबुक, फेसबुक और इंस्टाग्राम दोनों का मालिक है) इस हद तक कि फेसबुक के माध्यम से बनाए गए विज्ञापनों को इंस्टाग्राम पर एक साथ चलाया जा सकता है।

अंत में, फेसबुक में एक "मेटा पिक्सेल" (पूर्व में फेसबुक पिक्सेल) है जो आपकी वेबसाइट पर जोड़ा गया कोड का एक टुकड़ा है। यह आपको उन कार्रवाइयों को प्रभावी ढंग से ट्रैक करने देता है जो ग्राहक रूपांतरणों की बेहतर निगरानी के लिए Facebook विज्ञापनों के माध्यम से करते हैं और नीचे-पंक्ति मैट्रिक्स। Facebook पिक्सेल आपको बाद में ग्राहकों को रीटारगेट करने देता है, क्योंकि यह आपकी वेबसाइट पर जाने के बाद उनके कार्यों को ट्रैक करता है और विज्ञापनों को स्वचालित रूप से ऑप्टिमाइज़ करने के लिए उस डेटा को एकत्रित करता है। Facebook विज्ञापनों का उपयोग शुरू करने से पहले ही पिक्सेल आपकी वेबसाइट पर भी सेट किए जा सकते हैं।

ऐसा करने के लिए, business.facebook.com पर "सभी उपकरण" के तहत "इवेंट मैनेजर" पर जाएं। "डेटा स्रोत कनेक्ट करें", "वेब" क्लिक करें, और तब "मेटा पिक्सेल" चुनें. कनेक्ट पर क्लिक करें, फिर इसे एक नाम दें और अपनी वेबसाइट का URL दर्ज करें। आप स्वचालित रूप से वर्डप्रेस से कनेक्ट करने में सक्षम होंगे। यदि आपने वर्डप्रेस के अलावा किसी अन्य वेबसाइट प्रदाता का उपयोग करने का विकल्प चुना है, तो उस सिस्टम में

पिक्सेल को मैन्युअल रूप से स्थापित करने के तरीके पर एक ट्यूटोरियल खोजें।

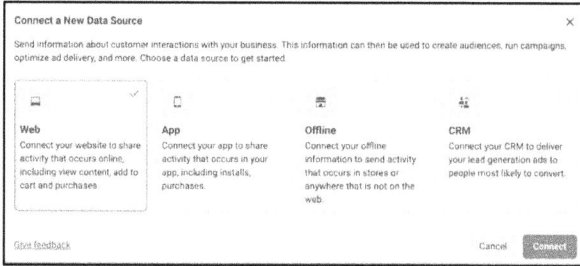

पिक्सेल एकीकृत होने के बाद, आप ईवेंट सेट कर सकते हैं. ईवेंट वे क्रियाएँ हैं जो लोग आपकी वेबसाइट पर लेते हैं, जैसे कि कोई उत्पाद खरीदना, ईमेल सूची में शामिल होना, या मीटिंग बुक करना. जब आप मैन्युअल रूप से ईवेंट सेट कर सकते हैं, तो इवेंट सेटअप टूल के माध्यम से ऐसा करना सबसे आसान है, जिसे मेटा इवेंट मैनेजर में पाया जा सकता है।

पिक्सेल को ठीक से स्थापित करने और ईवेंट बनाए जाने के साथ, आइए फेसबुक विज्ञापन प्लेटफ़ॉर्म और अभियान सेटअप का पता लगाएं।

पुष्टि करें कि आप अपने Facebook व्यवसाय खाते में लॉग इन हैं. फिर, facebook.com/adsmanager/manage/campaigns पर जाएं, जो आपको सीधे विज्ञापन प्रबंधक के पास लाता है। मोबाइल विश्लेषिकी के लिए मेटा विज्ञापन प्रबंधक अनुप्रयोग डाउनलोड करना सुनिश्चित करें.

इसके बाद, कैंपैग के तहत "बनाएं" बटन पर क्लिक करेंएनएस और एक अभियान उद्देश्य चुनें। अधिकांश छोटे व्यवसाय बिक्री, लीड या जागरूकता का विकल्प चुनते हैं। एक बार चुने जाने के बाद, आपको नए अभियान पृष्ठ पर रीडायरेक्ट किया जाएगा। Facebook विज्ञापन निम्नलिखित तीन स्तरों पर संचालित होते हैं:

अभियान अपने विज्ञापन के शीर्ष-स्तरीय लक्ष्यों को परिभाषित करें, जैसे कि उद्देश्य, और विभिन्न अभियानों को उनके असाइन किए गए उद्देश्य से समूहीकृत करना आसान बनाएं.

विज्ञापन सेट अभियानों से एक स्तर नीचे हैं और एक निश्चित दर्शक वर्ग को परिभाषित करते हैं जिन्हें विज्ञापन दिखाए जाते हैं। यहां, आप बजट, शेड्यूल और बोलियां भी सेट करेंगे।

अंत में, एक **तक** ग्राहक यही देखते हैं। विज्ञापन स्तर पर, आप टेक्स्ट, विज़ुअल्स और कॉल-टू-एक्शन बटन जोड़ेंगे.

Campaigns
Ad sets
Ads

इसलिए, प्रत्येक विज्ञापन सेट में कई विज्ञापन हो सकते हैं, और प्रत्येक अभियान में कई विज्ञापन सेट हो सकते हैं. सेटअप के दौरान, आपको एक

अभियान, एक विज्ञापन सेट और एक विज्ञापन बनाने के लिए संकेत दिया जाएगा.

अभियान सेटअप स्क्रीन पर वापस, एक नाम चुनें, "ए / बी परीक्षण" को बंद रखें (क्योंकि विज्ञापन प्रबंधक टूलबार में ऐसा करना सबसे आसान है), "लाभ अभियान बजट" चालू करें और अगला दबाएं।

अब, विज्ञापन सेट निर्माण पृष्ठ पर, आप उन ऑडियंस को परिभाषित कर सकते हैं जिन तक आप पहुँचना चाहते हैं. अपने पिक्सेल कनेक्ट करें, "गतिशील रचनात्मक" चालू करें, और एक बजट सेट करें। अपने बजट को कई विज्ञापनों में विभाजित करना सबसे अच्छा है (अंततः शीर्ष प्रदर्शन करने वाले विज्ञापनों को फ़नल करने के लिए) बजाय एक ही विज्ञापन पर खर्च करने के लिए।

इसके बाद, अपनी ऑडियंस चुनें। ऑडियंस को स्थान, आयु, लिंग, कनेक्शन, जनसांख्यिकी, रुचियों, भाषाओं और व्यवहारों के आधार पर अनुकूलित किया जा सकता है. फिर, विज्ञापन वास्तव में प्रयोग के बारे में हैं, इसलिए आपको समय के साथ विभिन्न प्रकार के दर्शकों का परीक्षण करने का लक्ष्य रखना चाहिए। अभी के लिए, ऑडियंस को आपके द्वारा सेवा किए जाने वाले सामान्य प्रकार के ग्राहक के लिए अनुकूलित करें। सभी लक्ष्यीकरण विकल्पों का उपयोग करने की आवश्यकता महसूस न करें- यदि आपका ग्राहक आधार एक निश्चित लिंग के प्रति पक्षपाती नहीं है, उदाहरण के लिए, बस इसे "सभी लिंगों" के रूप में छोड़ दें। हालांकि आमतौर पर दर्शकों के चयन को

विशिष्ट रखना बेहतर होता है, सुनिश्चित करें कि आपके चुने हुए दर्शक बहुत छोटे नहीं हैं। यदि नहीं, तो आप पर्याप्त इंप्रेशन उत्पन्न करने में सक्षम नहीं होंगे और न ही सार्थक रूपांतरण। "लाभ विस्तृत लक्ष्यीकरण" रखें और आगे के उपयोग और ए / बी परीक्षण के लिए दर्शकों को सहेजना सुनिश्चित करें। अभी के लिए "प्रति परिणाम लक्ष्य की लागत" खाली छोड़ दें।[20]

अब आप विज्ञापन सेटअप पृष्ठ पर प्रगति कर सकते हैं. सुनिश्चित करें कि कनेक्टेड फेसबुक और इंस्टाग्राम खाते सही हैं। फिर, प्रारूप चुनें, और ध्यान दें कि "हिंडोला" आपके प्रस्तावों या व्यवसाय का विवरण देने वाली कई छवियों या वीडियो को प्रदर्शित करने के लिए सबसे अच्छा है।

कस्टम मीडिया पीपीसी विज्ञापन सबसे अच्छे हैं- यूट्यूब विज्ञापनों के साथ, लोग गुणवत्ता वाले ग्राफिक्स, फ़ोटो और वीडियो नोटिस करते हैं। इससे भी महत्वपूर्ण बात, लगभग हर कोई तुरंत बुरे लोगों को स्क्रॉल करेगा। सादगी और आकर्षक दृश्यों पर ध्यान दें। हमेशा की तरह, अपनी ब्रांड रणनीति के तत्वों को शामिल करना सुनिश्चित करें।

अपना विज्ञापन डिज़ाइन करते समय और कॉपी लिखते समय, विज्ञापन के मूल्य प्रस्ताव के बारे में सोचें—आपको कुछ ऐसा चाहिए जो इतना चिपचिपा या मोहक हो कि लोग जांच करना सुनिश्चित करें. यह एक बड़ी छूट, एक

---

[20] चूंकि प्रति परिणाम लागत व्यापक रूप से भिन्न होती है, इसलिए बेसलाइन स्थापित करने के बाद ही एक लक्ष्य निर्धारित करना सबसे अच्छा है।

अद्वितीय उत्पाद, एक स्थानीय सेवा, या एक दिल दहला देने वाला संदेश हो सकता है। जो भी हो, सुनिश्चित करें कि यह शीर्षक, प्राथमिक पाठ और ग्राफिक्स में स्पष्ट किया गया है। विज्ञापन स्पेसिफिकेशन इस प्रकार हैं:

- **छवि विज्ञापन**: आकार: 1,200x628 पिक्सेल. अनुपात: 1.91: 1.
- **वीडियो विज्ञापन**: फ़ाइल आकार: 2.3 GB अधिकतम. थंबनेल आकार: 1,200 x 675 पिक्सेल.
- **कैरोसल विज्ञापन**: छवि आकार: 1,080 x 1,080 पिक्सेल।
- **स्लाइड शो विज्ञापन**: आकार: 1,289 x 720 पिक्सेल. अनुपात: 2: 3, 16: 9, या 1: 1।

शीर्षक और विवरण पाठ के लिए पांच संभावित विकल्पों को भरना सुनिश्चित करें (फिर से, एक मजबूत शुरुआती सेट से शीर्ष कलाकारों की पहचान करने के लिए पीछे काम करें)। कीवर्ड भारी न बनें या अत्यधिक क्लिकबैटी ध्वनि करने का प्रयास न करें-बस अपना मूल्य संवाद करें।

अंत में, एक प्रासंगिक कॉल-टू-एक्शन बटन चुनें। एक बार पूरा हो जाने के बाद, आपने सफलतापूर्वक एक अभियान, विज्ञापन सेट और विज्ञापन बनाया है. जो कुछ बचा है वह प्रकाशित पर क्लिक करना है।

अपने बजट को कई विज्ञापनों और विज्ञापनों में विभाजित करने, निचले स्तर के प्रदर्शन करने वालों को हटाने, शीर्ष प्रदर्शन करने वालों का

परीक्षण करने और समय के साथ इस प्रक्रिया को जारी रखने (या इस हद तक जो आपके व्यवसाय की सबसे अच्छी सेवा करता है) के लिए Google विज्ञापन अनुभाग में उल्लिखित उसी रणनीति का पालन करें। अंत में, यहां विचार करने के लिए कुछ त्वरित सुझाव दिए गए हैं:

- Facebook कैनवास विज्ञापन बनाएँ—जबकि बनाने के लिए उच्च प्रयास करते हुए, वे सहभागिता बढ़ाने के लिए सिद्ध होते हैं.

- "सगाई" उद्देश्य के माध्यम से पोस्ट दृश्यता बढ़ाएं।

- "हमशक्ल ऑडियंस" टूल का लाभ उठाएं।

- केवल डेस्कटॉप या मोबाइल पर विज्ञापन रखना चुनें (जो कभी भी आपके फ़नल को बेहतर तरीके से फिट करता है)।

यह फेसबुक विज्ञापनों को समाप्त करता है। ध्यान दें कि गोपनीयता परिवर्तन फेसबुक को अपने ट्रैकिंग तंत्र को अक्सर अपडेट करने के लिए मजबूर कर रहे हैं। इस पुस्तक को हर साल अद्यतन किया जाएगा ताकि वर्तमान स्थितियों को यथासंभव सटीक रूप से प्रतिबिंबित किया जा सके लेकिन यह समझें कि सेटअप प्रक्रिया समय के साथ भिन्न हो सकती है।

Instagram विज्ञापन

Facebook विज्ञापन स्वचालित रूप से Instagram पर प्रदर्शित होते हैं. यह खंड Instagram पर "प्रचारित पोस्ट" सुविधा से संबंधित है, जो उपयोगकर्ताओं को Instagram पोस्ट का प्रचार करने देता है जैसे कि वे विज्ञापन थे। Instagram विज्ञापन एक्सपोजर बढ़ाने और Instagram पर तेजी से अनुयायी हासिल करने का एक शानदार तरीका है।

पोस्ट को बढ़ावा देने के लिए, साइन करें एक व्यवसाय (पेशेवर) इंस्टाग्राम अकाउंट में। "विज्ञापन उपकरण" पर नेविगेट करें और "एक पोस्ट चुनें" पर टैप करें। उस पोस्ट को चुनें जिसे आप बढ़ावा देना चाहते हैं- यदि आपने अभी तक अपने इंस्टाग्राम खाते को अपने व्यवसाय के फेसबुक पेज से नहीं जोड़ा है, तो अब समय है।

फिर, विज्ञापन का लक्ष्य सेट करें, उन ऑडियंस को कस्टमाइज़ करें जिन तक आप पहुँचना चाहते हैं, और अपना बजट चुनें. आपका विज्ञापन जल्द ही चलना शुरू हो जाएगा—प्रत्येक पोस्ट पर एनालिटिक्स बटन या "विज्ञापन टूल" बटन के माध्यम से एनालिटिक्स के साथ अद्यतित रहें।

अगर आपके पेज से जुड़ी एक Instagram शॉप है, आप अपने उत्पादों को किसी पोस्ट में टैग कर सकते हैं, और फिर उन्हें विज्ञापन में शामिल करने के लिए उस पोस्ट को बूस्ट कर सकते हैं.

जबकि Instagram विज्ञापन हैं Google या फेसबुक जैसे प्लेटफार्मों की तुलना में असममित परिणाम देने की संभावना नहीं है, वे विशेष रूप से स्थिर और उनके द्वारा दिए गए परिणामों में सुसंगत हैं, और जैसा कि कहा गया है, एक्सपोजर बढ़ाने और अनुसरण बढ़ाने का एक शानदार तरीका है।

विचार करना मेरे प्रचार के बाद छोटे पैमाने पर विश्लेषण। विज्ञापन खर्च में $ 200 ने लगभग 1,400 लाइक, 70 शेयर और 5,881 प्रोफ़ाइल विज़िट उत्पन्न किए, जो कई सौ नए अनुयायियों में परिवर्तित हो गए। अपेक्षाकृत छोटे खाते पर, यह पृष्ठ के विकास और पोस्ट के प्रदर्शन के लिए एक बड़ा बढ़ावा था।

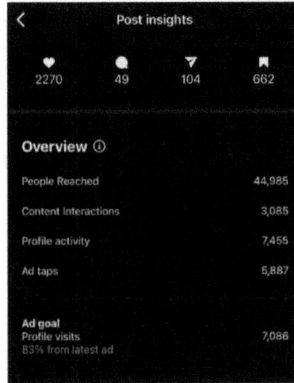

दुर्भाग्य से, Instagram वर्तमान में पहली बार Instagram विज्ञापन उपयोगकर्ताओं को पुरस्कार प्रदान नहीं करता है। यदि आप Facebook के माध्यम से एक विज्ञापन बनाने के लिए क्रेडिट चाहते हैं जिसे Instagram पर

साझा किया जा सकता है (किसी पोस्ट को बढ़ावा देने के जुड़ाव और एक्सपोजर लाभ के बिना), तो Facebook विज्ञापन अनुभाग देखें.

अब हमने मुख्य विज्ञापन प्लेटफार्मों को कवर किया है: फेसबुक, इंस्टाग्राम, Google और YouTube। अब हम विज्ञापन प्लेटफार्मों के दूसरे स्तर का पता लगाएंगे: नेक्स्टडोर, टिकटॉक, पिंटरेस्ट, स्नैपचैट और अमेज़ॅन।

Nextdoor विज्ञापन

यह खंड ब्लेक मार्टिन की अंतर्दृष्टि के साथ लिखा गया था, जिन्होंने नेक्स्टडोर विज्ञापनों का उपयोग अपने पेंटिंग व्यवसाय को हाई स्कूलर के रूप में छह-आंकड़े के लाभ तक बढ़ाने के लिए किया था।

Nextdoor स्थानीय ग्राहकों की सेवा करने वाले व्यवसायों के लिए एक शक्तिशाली नेटवर्किंग और लीड जनरेशन टूल है। 70 मिलियन उपयोगकर्ताओं की विशेषता वाला, नेक्स्टडोर व्यवसायों को बढ़ने में मदद करने के लिए समुदाय का लाभ उठाता है- वास्तव में, 88% लोग प्रति सप्ताह कम से कम एक बार स्थानीय व्यवसाय में खरीदारी करते हैं और

44% का कहना है कि वे स्थानीय व्यवसायों में अधिक खर्च करने के लिए तैयार हैं। इसलिए, विज्ञापन और जैविक सामग्री के माध्यम से अपने स्थानीय समुदाय तक पहुंचने के लिए एक मेगाफोन के रूप में नेक्स्टडोर का

लाभ उठाना भौतिक स्थानों वाले व्यवसायों के लिए या स्थानीय समुदाय की सेवा करने के लिए एक पूर्ण अनिवार्यता है।

हम कई आउटरीच तकनीकों की जांच करेंगे जो कई छोटे व्यवसायों पर लाभकारी प्रभाव साबित हुए हैं। सभी व्यवसायों को अपना व्यवसाय पृष्ठ स्थापित करना चाहिए और नेक्स्टडोर प्लेटफॉर्म पर अपने व्यवसाय का परिचय देते हुए एक प्रारंभिक पोस्ट साझा करना चाहिए; यदि आपका व्यवसाय कम टिकट वाले आइटम प्रदान करता है और आवर्ती स्थानीय ग्राहक आधार से सबसे अधिक लाभ उठाता है, तो नियमित रूप से कार्बनिक सामग्री पोस्ट करना एक प्रमुख रणनीति है (विज्ञापन के सापेक्ष, जिस पर हम आगे पता लगाएंगे)।

प्रारंभिक पोस्ट के भीतर, या तो *अपने आप को बेचें* प्रारूप या *अपने ग्राहक को बेचें* विधि का पालन करें । *अपने आप को बेचने* की विधि क्लासिक है, लेकिन प्रभावी सभी समान है। अपने व्यवसाय को एक व्यक्तिगत तरीके से समुदाय में पेश करके शुरू करें (अपनी कहानी को यथासंभव शामिल करें) और फिर बताएं कि आपके समुदाय के भीतर दूसरों के सापेक्ष व्यवसाय के रूप में आपको क्या अलग करता है (प्रासंगिक दृश्य शामिल करें)। पहली पंक्ति के उदाहरण के रूप में:

"हैलो, मेरा नाम डेगन है। मैं सैन फ्रांसिस्को में एक हेयर स्टाइलिस्ट हूं जो बालों के झड़ने को हल करने में विशेषज्ञता रखता है।

नेक्स्टडोर में ठेठ सोशल मीडिया ऐप की तुलना में पुराने दर्शक हैं, इसलिए डेगन आमतौर पर पुराने जनसांख्यिकी के बीच पाई जाने वाली समस्या का समाधान प्रदान करके खड़ा था। अपने नेक्स्टडोर पिच के भीतर इसे दोहराना इस बात पर निर्भर करता है कि आप कहां रहते हैं- बस अपने समुदाय में आयु समूहों और जनसांख्यिकी का विश्लेषण करें।

पोस्ट के भीतर, अपने उत्पाद / सेवा के लिए मूल्य निर्धारण भी शामिल करें और संपर्क जानकारी और स्टोर स्थान (यदि प्रासंगिक हो), साथ ही छूट या पुरस्कार के साथ बंद करें। आप इस प्रारंभिक के बारे में सोच सकते हैं

Nextdoor पोस्ट अपने फ़नल का हिस्सा होने के रूप में: लक्ष्य लोगों को पोस्ट के साथ जुड़ने और कार्रवाई के लिए कॉल पर अनुसरण करने के लिए प्राप्त करना है।

दूसरा पोस्ट प्रारूप, जिसे *सेल योर क्लाइंट* मेथड कहा जाता है, आपके ग्राहक को उन लाभों पर विचार करने के बारे में है जो वे आपके उत्पादों या सेवाओं से अनुभव करेंगे। उदाहरण के लिए, डेगन के विपरीत केवल अपने व्यवसाय का वर्णन करते हुए, वह अपने बालों के झड़ने के उपचार की पहले और बाद की तस्वीर पोस्ट कर सकता है। एक नियमित ग्राहक का वर्णन करके और वह उनकी समस्याओं को कैसे हल करता है, जो लोग लक्षित ग्राहक प्रोफ़ाइल को फिट करते हैं, वे दृढ़ता से प्रतिक्रिया करेंगे- संक्षेप में, दर्शक को

यह सोचने के लिए मिलता है कि आपका उत्पाद / सेवा दृश्य संकेतों, प्रशंसापत्र और मोहक भाषा के माध्यम से उनके लिए क्या कर सकती है।

सबसे महत्वपूर्ण बात, सुनिश्चित करें कि आपकी पोस्ट एक कहानी बताती है। Nextdoor पर, आप एक सामान्य विज्ञापन की तरह ध्वनि नहीं करना चाहते हैं, लेकिन साथ ही, अपने व्यवसाय को एक शौक की तरह न बनाएं। इसके बजाय, एक भरोसेमंद, पेशेवर और आकर्षक कहानी बताएं जो कार्रवाई के आहवान के साथ समाप्त होती है। पोस्ट साझा करने के बाद संलग्न होना सुनिश्चित करें-टिप्पणियों का जवाब देना कनेक्शन को मजबूत करने के लिए एक लंबा रास्ता तय करता है।

संक्षेप में, आप आश्चर्यचकित होंगे कि एक मजबूत Nextdour पोस्ट आपके व्यवसाय पर प्रभाव डाल सकती है। नेक्स्टडोर जैसे ऐप स्नोबॉल प्रभाव का उदाहरण देते हैं- यदि आपकी पोस्ट फट जाती है, तो एक समुदाय के भीतर हर कोई आपके व्यवसाय को छोड़ने के लिए बाध्य महसूस करेगा, जो एफओएमओ और स्थानीय उद्यमियों का समर्थन करने की इच्छा से प्रेरित होगा।

कार्बनिक सामग्री से परे, नेक्स्टडोर के माध्यम से विज्ञापन उच्च टिकट आइटम या सेवाएं बेचने वाले व्यवसायों के लिए आदर्श एक शक्तिशाली उपकरण है। ध्यान दें कि नेक्स्टडोर विज्ञापन पीपीसी मॉडल पर नहीं चलते हैं- इसके बजाय, आप अग्रिम भुगतान करते हैं, और विज्ञापन अगले दरवाजे "होम" टैब पर कार्बनिक सामग्री के साथ मिश्रित होते हैं। चूंकि नेक्स्टडोर

उपयोगकर्ताओं को अधिकांश अन्य सामाजिक प्लेटफार्मों के सापेक्ष अपेक्षाकृत कम विज्ञापन दिखाता है, इसलिए ट्रैकिंग और एनालिटिक्स खराब होने पर भी रूपांतरण आमतौर पर बेहतर होते हैं।

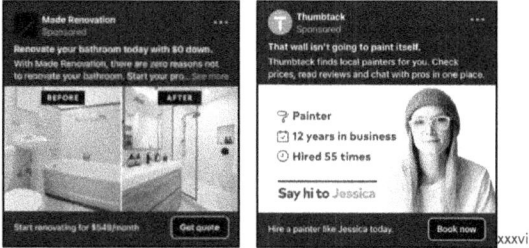

आरंभ करने के लिए, business.nextdoor.com पर जाएं। "अपने मुफ्त व्यवसाय पृष्ठ का दावा करें" पर क्लिक करें और सुनिश्चित करें कि आपने अपने व्यक्तिगत Nextdoor खाते के साथ साइन इन किया है। व्यवसाय का नाम, पता और श्रेणियाँ दर्ज करें (एकाधिक चुनें!). "पृष्ठ बनाएं" पर क्लिक करने पर आपको एक विज्ञापन निर्माण पृष्ठ पर निर्देशित किया जाएगा। अपने अभियान के लिए एक लक्ष्य चुनें: "अधिक प्रत्यक्ष संदेश प्राप्त करें" उच्च-टिकट आइटम बेचने वाले व्यवसायों के लिए सबसे अच्छा है या लीड के आसपास बनाया गया है, "वेबसाइट विज़िट बढ़ाएं" ऑनलाइन उत्पादों की एक श्रृंखला बेचने वाले व्यवसाय के लिए सबसे अच्छा है, और "बिक्री या छूट को बढ़ावा देना" सबसे अच्छा है, जैसा कि अनुमान लगाया जा सकता है, जब

आपके पास प्रचार करने के लिए एक मजबूत बिक्री या प्रोत्साहन होता है। आपके द्वारा चुने गए अभियान लक्ष्य के आधार पर, निम्न चरण पूरा करें:

अधिक प्रत्यक्ष संदेश प्राप्त करें. कुछ कस्टम संकेत लिखें जो अक्सर पूछे जाने वाले प्रश्नों और प्रश्नों का विवरण देते हैं जो संभावित ग्राहकों द्वारा पूछे जाने की संभावना है। कम से कम तीन और सात से अधिक नहीं भरें।

बिक्री या छूट को बढ़ावा दें और वेबसाइट विज़िट बढ़ाएं। विज्ञापन सामग्री के लिए, प्रासंगिकता और विशिष्टता पर ध्यान केंद्रित करें. ब्रांड पहचान अनुभाग (शीर्षक के लिए) से शीर्ष बिक्री बिंदुओं और टैगलाइन की पहचान करें, और सामाजिक प्रमाण (छवि के लिए) के रूप में सर्वेक्षण, सांख्यिकी और प्रशंसापत्र का उपयोग करें। सुनिश्चित करें कि क्लिक-थ्रू लिंक एक अनुकूलित लैंडिंग पृष्ठ पर जाता है और कॉल-टू-एक्शन बटन लैंडिंग पृष्ठ के साथ फिट बैठता है।

फिर, उस क्षेत्र पर विचार करें जिसे आप पूरे समय अपने विज्ञापनों का विपणन करना चाहते हैं. ऐसा करने के लिए, विश्लेषण करें कि आपके वर्तमान ग्राहक कहां रहते हैं, वे आपको कैसे पाते हैं, और वे आपके उत्पाद या सेवा के लिए कितनी दूर ड्राइव करने के इच्छुक होंगे। शुरू करना-उबर लोकल और समय के साथ विस्तार करना आमतौर पर जाने का तरीका है।

अंत में, बजट सेट करें, और प्रकाशित करें क्लिक करें. चूंकि नेक्स्टडोर विज्ञापन पीपीसी मॉडल पर आधारित नहीं होते हैं, इसलिए समय के साथ विज्ञापन अभियानों को अपग्रेड और ऑप्टिमाइज़ करना काफी हद तक कई, कम लागत वाले विज्ञापन ($ 3- $ 10 प्रति दिन) चलाने और शीर्ष कलाकारों की ओर समय के साथ विज्ञापन खर्च को बदलने का मामला है।

Nextdoor ने वास्तव में मेरे व्यवसाय के लिए चमत्कार किया है, और मुझे दृढ़ विश्वास है कि यह कई व्यवसायों के लिए भी ऐसा कर सकता है जो बढ़ने और पनपने के लिए अपने स्थानीय समुदाय पर भरोसा करते हैं। हो सकता है कि आपका पड़ोसी आपका सबसे अच्छा ग्राहक हो!

TikTok विज्ञापन

TikTok हाल ही में विज्ञापन की दुनिया में तूफान आ गया है, और कई ऑनलाइन विक्रेता इसे सोने की भीड़ के रूप में बोल रहे हैं। TikTok विज्ञापन उन व्यवसायों के लिए सबसे अच्छा काम करते हैं जो ऑनलाइन पेश किए जाने वाले उत्पादों या सेवाओं के साथ 30 वर्ष से कम उम्र के दर्शकों को लक्षित करना चाहते हैं (उदाहरण के लिए, TikTok पर स्थानीय रूप से विज्ञापन देने का प्रयास न करें)। टिकटॉक विज्ञापन टिकटॉक नेटवर्क के अन्य ऐप्स, विशेष रूप से पंगले और बजवीडियो में वितरित होते हैं।

सभी TikTok विज्ञापन लघु-रूप और लंबवत उन्मुख हैं; बेहद छोटा सबसे अच्छा काम करता है, इसलिए 15 सेकंड के निशान के तहत (हालांकि इससे भी छोटा अक्सर बेहतर होता है)। दृष्टि से आकर्षक, साथ ही पंची संदेश, एक जरूरी है।

अपना पहला अभियान सेट अप करते समयविज्ञापन प्लेसमेंट चुनने के लिए आपको "नया बनाएं" के तहत संकेत दिया जाएगा: आप या तो ऑटो-प्लेसमेंट का विकल्प चुन सकते हैं, जहां TikTok आपके लिए चुनता है, या मैन्युअल रूप से जाकर चुनें कि आप अपने विज्ञापन कहाँ दिखाना चाहते हैं. प्रारंभ में ऑटो-प्लेसमेंट के साथ जाना सबसे अच्छा है या सीमित बजट पर विभिन्न प्रकार के मैनुअल प्लेसमेंट का परीक्षण करना है। फिर आप कस्टम ऑडियंस का निर्माण कर सकते हैं जितना आप फेसबुक पर करेंगे (ध्यान दें कि TikTok "विज्ञापन समूह" फेसबुक "विज्ञापन सेट" के बराबर हैं)। ध्यान दें कि TikTok में फेसबुक पिक्सेल के समान पिक्सेल है।

अंतिम नोट के रूप में, मैं केवल एक्सपोजर बढ़ाने और फॉलोइंग बढ़ाने के लिए टिकटॉक वीडियो को विज्ञापनों के रूप में आगे बढ़ाने की सलाह नहीं दूंगा। टिकटॉक को लगभग हर दूसरे सोशल प्लेटफॉर्म के सापेक्ष ऑर्गेनिक कंटेंट के माध्यम से विकसित करना मुश्किल नहीं है और एक्सपोजर बढ़ाने के लिए डिज़ाइन किए गए विज्ञापनों के माध्यम से ब्रेक-ईवन के करीब कहीं भी पहुंचना असंभव है। मैंने एक कंपनी के साथ काम किया जो उस सटीक उद्देश्य के लिए टिकटॉक विज्ञापनों में हजारों डॉलर डाल रही थी- उनका खाता,

सत्यापित होने और एक बड़ी सामाजिक टीम होने के बावजूद, खुद को जमीन पर चला गया और केवल कुछ सौ हजार लाइक जमा किए, जिसका अनुवाद 10 हजार से कम फॉलोइंग और आरओएएस के संदर्भ में लगभग पूर्ण नुकसान में हुआ।

इसके बजाय, लाभ उठाएं उपयोगकर्ताओं को लैंडिंग पेज पर जाने के लिए प्रोत्साहित करने के लिए TikTok विज्ञापनों को इन-फीड करें। getstarted.TikTok.com पर जाओ।

Pinterest विज्ञापन

Pinterest विज्ञापन अत्यधिक दृश्य सामग्री और पेशकश वाली कंपनियों के लिए सबसे अच्छे हैं, और अक्सर डिजाइन के कुछ केंद्रीय विषय के साथ। अधिकांश Pinterest विज्ञापन "प्रचारित पिन" हैं जो नियमित पिन के साथ फ़ीड में दिखाई देते हैं। प्रवर्तित हिंडोला प्रचारित पिन के लिए एक आकर्षक विकल्प है। Pinterest में Facebook पिक्सेल के बराबर होता है, जिसे Pinterest टैग कहा जाता है, इसलिए विज्ञापन अभियान शुरू करने से पहले इसे अपनी वेबसाइट में स्थापित करना सुनिश्चित करें. फिर,

business.pinterest.com पर शुरू करें, और अब तक उल्लिखित अनुकूलन प्रथाओं का पालन करना सुनिश्चित करें।

स्नैपचैट विज्ञापन

स्नैपचैट विज्ञापन उन व्यवसायों के लिए सबसे अच्छे हैं जो अपने उत्पादों या सेवाओं को ऑनलाइन बेचते हैं और युवा जनसांख्यिकी को लक्षित करना चाहते हैं। अधिकांश स्नैपचैट विज्ञापन ऐप में दिखाए जाने वाले शॉर्ट-फॉर्म वीडियो होते हैं जो उपयोगकर्ताओं को विज्ञापनदाता द्वारा प्रदान किए गए लिंक पर स्वाइप करने और जाने के लिए प्रोत्साहित करते हैं। ये विज्ञापन लंबाई में सिर्फ 3-10 सेकंड हैं, इसलिए उन्हें आवंटित संक्षिप्त समय में एक महत्वपूर्ण पंच पैक करना होगा। यदि स्नैपचैट विज्ञापन आपके व्यवसाय में फिट बैठते हैं, तो इस बारे में सोचें कि अपने संदेश को शॉर्ट-फॉर्म वीडियो प्रारूप में कैसे क्रंच किया जाए। ads.snapchat.com पर जाओ।

अमेज़ॅन विज्ञापन

रणचंडी विज्ञापनों का उपयोग केवल विक्रेताओं द्वारा उन उत्पादों का विज्ञापन करने के लिए किया जा सकता है जो उन्होंने पहले से ही अमेज़ॅन पर सूचीबद्ध हैं। यदि आपके पास अमेज़ॅन पर सूचीबद्ध उत्पाद हैं, तो उत्पाद रैंकिंग को बढ़ावा देने और समीक्षा उत्पन्न करने के लिए अपनी डिजिटल रणनीति में

अमेज़ॅन विज्ञापनों को शामिल करने पर विचार करें, खासकर नए लॉन्च किए गए उत्पादों पर। अमेज़ॅन कई विपरीत प्रकार के विज्ञापन प्रदान करता है- प्रायोजित उत्पाद, प्रायोजित ब्रांड और वीडियो विज्ञापन (वीडियो विज्ञापन, विशेष रूप से, आपको अमेज़ॅन पर बेचे गए उत्पाद का विज्ञापन करने की आवश्यकता नहीं है)। यदि आप अमेज़ॅन पर उत्पाद बेचते हैं तो मैं केवल प्रायोजित उत्पाद और ब्रांड विज्ञापनों का लाभ उठाने की सलाह देता हूं- अन्यथा, अमेज़ॅन के माध्यम से नहीं बेचे जाने वाले उत्पादों और सेवाओं के लिए Google, फेसबुक और YouTube विज्ञापन से चिपके रहें। ऐसा करने में, ध्यान दें कि अमेज़ॅन अब तक जांच किए गए प्लेटफार्मों के समान पीपीसी मॉडल का उपयोग करता है। बस उन सर्वोत्तम प्रथाओं का पालन करें और आरंभ करने के लिए advertising.amazon.com पर जाएं।

यहां बताया गया है कि अनुकूलित अमेज़ॅन विज्ञापन अभियान का एक दिन कैसा दिखता है ($ 9 या उससे अधिक उत्पाद बेचना):

Spend ⓘ	×	Sales ⓘ	×	Impressions ⓘ	×	Clicks ⓘ	×	ACOS ⓘ	×
$31.14 TOTAL		$101.50 TOTAL		34,582 TOTAL		63 TOTAL		30.68% AVERAGE	

यहां वही अभियान है जब यह पहली बार चलना शुरू हुआ था:

Spend ⓘ	×	Sales ⓘ	×	Impressions ⓘ	×	Clicks ⓘ	×	ACOS ⓘ	×
$33.38 TOTAL		$17.98 TOTAL		47,731 TOTAL		52 TOTAL		185.65% AVERAGE	

लिंक्डइन विज्ञापन

साइन इन करें विज्ञापन B2B कंपनियों (अन्य व्यवसायों को उत्पाद या सेवाएं बेचने वाले व्यवसाय) और पेशेवर उत्पादों या सेवाओं को बेचने वालों के लिए सबसे अच्छे हैं।

लिंक्डइन विज्ञापनों के साथ शुरुआत करने के लिए, होमपेज के शीर्ष दाईं ओर डॉटेड बॉक्स में "विज्ञापन" पर क्लिक करें। अभियान प्रबंधक खाता सेट करें और "बनाएँ" और "अभियान" क्लिक करें.[21] समय के साथ लिंक्डइन इनसाइट टैग (फेसबुक पिक्सेल के बराबर) सेट करना सुनिश्चित करें।

पहले वर्णित विज्ञापन प्लेटफ़ॉर्म के समान सेटअप प्रक्रिया का पालन करें. लिंक्डइन जुड़ाव बढ़ाने में रुचि रखने वालों के लिए, अभियान के उद्देश्यों के रूप में "वीडियो दृश्य" या "जुड़ाव" चुनें। किसी उत्पाद या सेवा को बेचने के लिए डिज़ाइन किए गए फ़नल का निर्माण करने के लिए, "वेबसाइट रूपांतरण" या "लीड रूपांतरण" चुनें. अपने व्यवसाय के लिए सबसे प्रभावी सामग्री प्रकार के आधार पर विज्ञापन स्वरूप चुनें. यह वीडियो, चित्र, या विशुद्ध रूप से पाठ-आधारित संदेश हो सकता है। पूरा होने पर, "अगला" क्लिक करें और विज्ञापन सामग्री भरें. फिर, लॉन्च करें, और आप जाने के लिए तैयार हैं। लिंक्डइन विज्ञापन चलाना जारी रखते समय इन युक्तियों पर विचार करें:

---

[21] ध्यान दें कि लिंक्डइन अभियान समूह अभियानों के ऊपर बकेटिंग का केवल एक स्तर है और विशुद्ध रूप से संगठनात्मक उद्देश्यों के लिए मौजूद है।

- छोटे बजट के साथ काम करते समय, उबर-विशिष्ट कस्टम ऑडियंस (न्यूनतम 50,000 के लक्षित दर्शकों के साथ) की भीड़ का परीक्षण करें, जिसमें आपको लगता है कि यह सबसे अच्छा काम करेगा या अन्य प्लेटफार्मों पर अच्छी तरह से काम करेगा।

- समय के साथ विज्ञापनों को समायोजित करने के लिए प्रदर्शन चार्ट और जनसांख्यिकी टैब का लाभ उठाएं.

- वेबसाइट विज़िटर को फिर से लक्षित करने के लिए मिलान किए गए और हमशक्ल ऑडियंस सेट करें. अभियान प्रबंधक में लक्ष्यीकरण स्क्रीन पर मिलान किए गए ऑडियंस विकल्प खोजें और "योजना" "ऑडियंस" और "ऑडियंस बनाएँ" के तहत हमशक्ल ऑडियंस विकल्प ढूंढें.

संक्षेप में, लिंक्डइन पेशेवर दर्शकों तक पहुंचने के लिए एक कुशल मंच है: इसका अच्छी तरह से उपयोग करें।

आला साइट विज्ञापन

इस प्रकार, हमने दुनिया के अधिकांश सबसे बड़े विज्ञापन नेटवर्क को कवर किया है। शेष विज्ञापन गेम में सभी आला खिलाड़ी हैं- अर्थात्, जो एकल रुचि या जनसांख्यिकीय पर केंद्रित प्लेटफार्मों पर विज्ञापन प्रदान करते हैं।

उदाहरण के लिए, मेरी प्रकाशन एजेंसी नियमित रूप से गुडरीड्स पर विज्ञापन चलाती है, जो विशेष रूप से पाठकों के लिए एक सामाजिक मंच है।

आला विज्ञापन अवसर खोजने के लिए, अपने लक्षित दर्शकों द्वारा अक्सर देखी जाने वाली वेबसाइटों और ऐप्स पर विचार करें. उनसे मिलें और देखें कि क्या वे विज्ञापन प्लेसमेंट प्रदान करते हैं. बस यह जान लें कि कई छोटे प्लेटफार्मों में न्यूनतम हैं- उदाहरण के लिए, गुडरीड्स को विज्ञापन खर्च में न्यूनतम $ 5,000 की आवश्यकता होती है (साझेदार एजेंसी के माध्यम से काम करते समय $ 3,200)। यदि शर्तें स्पष्ट नहीं हैं, तो समर्थन या व्यवस्थापक टीमों तक पहुंचने में संकोच न करें।

वैकल्पिक विज्ञापन

पीपीसी विज्ञापन डिजिटल विज्ञापनों की पूरी श्रृंखला को प्रतिबिंबित नहीं करता है और न ही उपलब्ध विपणन के अवसर। हम छोटे व्यवसायों द्वारा नियोजित दो वैकल्पिक रणनीतियों का पता लगाएंगे: प्रभावशाली विपणन और सहबद्ध विपणन।

मार्केटिंग को प्रभावित करें

अब तक यह बहुत स्पष्ट कर दिया गया है कि सामग्री निर्माण व्यवसायों के लिए अधिक लोगों तक पहुंचने और उन दर्शकों को ग्राहकों में बदलने का एक आकर्षक अवसर है।

इन्फ्लुएंसर मार्केटिंग दर्शकों के लिए एक समान लाभ देता है-निर्माण लेकिन सामग्री बनाने और साझा करने में निहित कठिनाई को दरकिनार करता है: अर्थात्। इसमें व्यवसायों को पैसे का भुगतान करना या प्रभावशाली लोगों के दर्शकों को विज्ञापनों के बदले में सोशल मीडिया प्रभावशाली लोगों को मुफ्त उत्पादों की पेशकश करना शामिल है।

उदाहरण के लिए, एक सौंदर्य ब्रांड Y पर 500k ग्राहकों के साथ एक सौंदर्य प्रभावशाली व्यक्ति को भुगतान कर सकता हैएक वीडियो के भीतर तीस सेकंड के लिए सौंदर्य ब्रांड के उत्पादों के बारे में बात करने के लिए ouTube $ 3,000। वैकल्पिक रूप से, प्रभावशाली व्यक्ति विज्ञापन के बदले में $ 3,000 मुफ्त उत्पाद भी प्राप्त कर सकता है या खुद को सौंदर्य ब्रांड द्वारा "प्रायोजित" घोषित कर सकता है और इस प्रकार एक दीर्घकालिक संबंध बनाए रख सकता है जबकि ब्रांड प्रभावशाली व्यक्ति को लंबे समय तक और अपनी सामाजिक उपस्थिति और सामग्री निकाय की संपूर्णता में अपने उत्पादों या सेवाओं का उपयोग और विज्ञापन करने के लिए भुगतान करता है।

किसी ऐसे व्यक्ति के रूप में जो प्रभावशाली विपणन संबंधों में प्रभावशाली और व्यवसाय दोनों रहा है, मैं प्रभावशाली विपणन की जीत-जीत प्रकृति और इस तथ्य से बात कर सकता हूं कि यह एक व्यवहार्य रणनीति है व्यावहारिक रूप से सभी व्यवसायों के लिए, क्योंकि प्रभावशाली लोग कल्पना करने योग्य सभी niches और आकारों का प्रतिनिधित्व करते हैं। उन प्रभावशाली लोगों की पहचान करने के लिए जो आपका ब्रांड काम कर सकता है, इन प्लेटफार्मों का पता लगाएं:

- प्रभाव

- प्रभाव

- Creator.co

वैकल्पिक रूप से, किसी भी सामाजिक मंच पर अपने आला या उद्योग की खोज करें, और शीर्ष प्रभावशाली लोगों की जांच करें। उन प्रभावशाली लोगों के साथ काम करने का लक्ष्य रखें जिनके पास ऐसे दर्शक हैं जो आपके लक्षित जनसांख्यिकी, उच्च जुड़ाव दर, कम विज्ञापन गणना और आपके ब्रांड के साथ फिट होने वाले मूल्यों को दर्शाते हैं।

प्रभावशाली लोगों तक पहुंचते समय, व्यक्तिगत संदेश सबसे अच्छे होते हैं। मुझे प्राप्त दो ईमेल की तुलना करें:

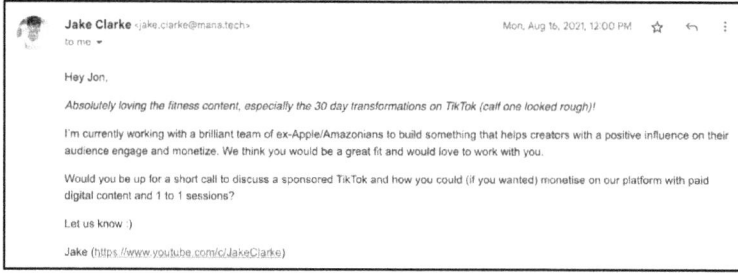

Jake Clarke <jake.clarke@mana.tech>
to me ▾

Mon, Aug 16, 2021, 12:00 PM ☆ ↩ ⋮

Hey Jon,

Absolutely loving the fitness content, especially the 30 day transformations on TikTok (calf one looked rough)!

I'm currently working with a brilliant team of ex-Apple/Amazonians to build something that helps creators with a positive influence on their audience engage and monetize. We think you would be a great fit and would love to work with you.

Would you be up for a short call to discuss a sponsored TikTok and how you could (if you wanted) monetise on our platform with paid digital content and 1 to 1 sessions?

Let us know :)

Jake (https://www.youtube.com/c/JakeClarke)

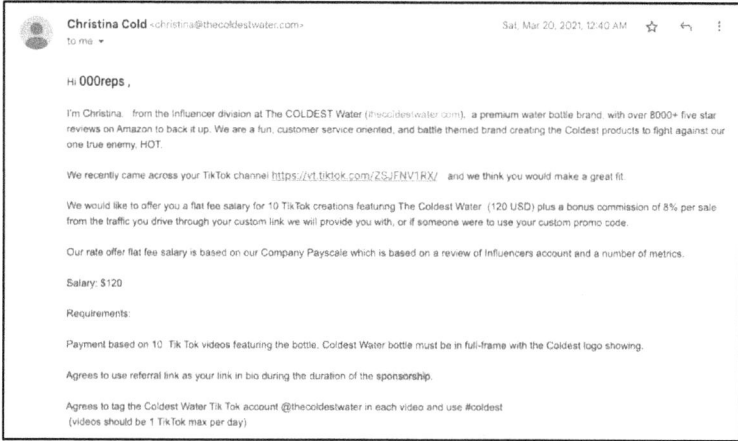

Christina Cold <christina@thecoldestwater.com>
to me ▾

Sat, Mar 20, 2021, 12:40 AM ☆ ↩ ⋮

Hi 000reps ,

I'm Christina. from the Influencer division at The COLDEST Water (thecoldestwater.com), a premium water bottle brand, with over 8000+ five star reviews on Amazon to back it up. We are a fun, customer service oriented, and battle themed brand creating the Coldest products to fight against our one true enemy, HOT.

We recently came across your TikTok channel https://vt.tiktok.com/ZSJFNV1RX/ and we think you would make a great fit.

We would like to offer you a flat fee salary for 10 TikTok creations featuring The Coldest Water (120 USD) plus a bonus commission of 8% per sale from the traffic you drive through your custom link we will provide you with, or if someone were to use your custom promo code.

Our rate offer flat fee salary is based on our Company Payscale which is based on a review of Influencers account and a number of metrics.

Salary: $120

Requirements:

Payment based on 10 Tik Tok videos featuring the bottle. Coldest Water bottle must be in full-frame with the Coldest logo showing.

Agrees to use referral link as your link in bio during the duration of the sponsorship.

Agrees to tag the Coldest Water Tik Tok account @thecoldestwater in each video and use #coldest
(videos should be 1 TikTok max per day)

शीर्ष ईमेल से पता चला कि लेखक ने पहुंचने से पहले कम से कम मेरी कुछ सामग्री देखी थी। पिच संक्षिप्त थी और कॉल-टू-एक्शन व्यक्तिगत और स्पष्ट था। प्रभावशाली लोगों तक पहुंचते समय आपको यही सब करना चाहिए। दूसरा ईमेल वह सब कुछ है जो आपके आउटरीच में नहीं होना चाहिए - एक स्पष्ट रूप से स्वचालित और गलत वर्तनी वाली पहली पंक्ति, दर्दनाक रूप से लम्बी टेक्स्ट फॉर्मेटिंग, एक नकली नाम और रिक्त प्रोफ़ाइल चित्र, और एक कमजोर टैगलाइन ("हमारा एक सच्चा दुश्मन, हॉट" सिर्फ कदम नहीं है, क्षमा करें दोस्तों)।

इसलिए, जबकि प्रभावशाली लोगों के लिए आउटरीच को ठीक से निजीकृत करने में कुछ अतिरिक्त समय लग सकता है, यह दुनिया में इसके लायक है जवाब में यह आता है। ईमेल पर आउटरीच आमतौर पर सबसे अच्छा होता है- यदि किसी प्रभावशाली व्यक्ति के पास सूचीबद्ध नहीं है, तो प्रत्यक्ष संदेश के माध्यम से पहुंचना ठीक है।

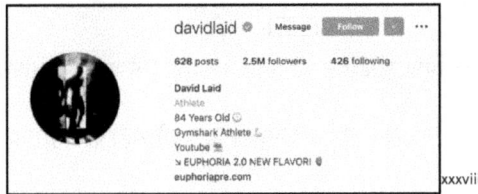

जिमशार्क एक ऐसा ब्रांड है जो प्रभावशाली विपणन का शक्तिशाली उपयोग करता है। वास्तव में, जिमशार्क द्वारा सम्मानित किए जाने को शरीर सौष्ठव और फिटनेस समुदाय में एक अंत-सभी स्थिति प्रतीक के रूप में देखा जाता है- प्रभावशाली लोग एक स्पंसरशिप प्राप्त करने की उम्मीद में जिमशार्क का

ध्यान आकर्षित करने के लिए प्रतिस्पर्धा करते हैं। यह अपने सर्वश्रेष्ठ स्तर पर प्रभावशाली विपणन है, और परिणामस्वरूप जिमशार्क एक अरब डॉलर के ब्रांड में विकसित हुआ।

एक बार जब आप प्रभावशाली लोगों के साथ आउटरीच कर लेते हैं, तो आपको लगता है कि प्रभावशाली मार्केटिंग के लिए आपके ब्रांड के साथ अच्छी तरह से काम करेंगे, यह सब बाईं ओर यह सत्यापित करना है कि प्रभावशाली व्यक्ति बारगिन के अपने पक्ष में अनुसरण करता है। परिणामों को मापने का लक्ष्य रखें, और केवल एक प्रभावशाली व्यक्ति के साथ काम करना जारी रखें यदि वे आपके व्यवसाय के लिए लागत से अधिक ग्राहक और लाभ पैदा करते हैं। यदि वे असामान्य रूप से अच्छा प्रदर्शन करते हैं, तो उन्हें दीर्घकालिक स्पोंसरशिप प्रदान करें।

अंत में, ध्यान दें कि इन्फ्लुएंसर मार्केटिंग आपके व्यवसाय को एयू विकसित करने में मदद करने में एक लंबा रास्ता तय करती हैसोशल मीडिया पर मतभेद - एक प्रभावशाली व्यक्ति से एक उल्लेख जिसके साथ आप काम कर रहे हैं, आसानी से एक छोटे ब्रांड प्रोफाइल को 10 गुना कर सकता है।

इसलिए, प्रभावशाली विपणन को एक बेहद मूल्यवान उपकरण के रूप में ध्यान में रखें इसे स्वयं बनाने के बिना सामाजिक दर्शकों के लाभ प्राप्त करें, साथ ही साथ अपने व्यवसाय के सामाजिक विकास को गति देने के लिए एक मार्ग भी।

सहबद्ध विपणन

वैकल्पिक डिजिटल विज्ञापन के हमारे दूसरे रूप के रूप में, Affiliate Marketing वह प्रक्रिया है जिसके द्वारा एक "Affiliate" या तृतीय-पक्ष आपके लिए अपने उत्पादों या सेवाओं को बेचने के लिए कमीशन कमाता है। संबद्ध विपणन प्रभावशाली समुदाय के भीतर सबसे अधिक प्रचलित है, क्योंकि निर्माता आसानी से संबद्ध आयोगों के माध्यम से अपने बड़े दर्शकों को भुना सकते हैं। दूसरी ओर, व्यवसाय Affiliate Marketing से प्यार करते हैं क्योंकि यह अन्य लोगों को उनके लिए अपने उत्पादों और सेवाओं को बेचने की कड़ी मेहनत के बारे में जाने के लिए प्रोत्साहित करता है।

अपने व्यवसाय के लिए, केवल सहबद्धों को अद्वितीय कोड नामित करके एक Affiliate Marketing प्रोग्राम सेट करें (वास्तव में, किसी भी उपयोगकर्ता के लिए, क्योंकि प्रत्येक खाताधारक को कोड देने का कोई नकारात्मक पक्ष नहीं है), जो स्वचालित रूप से अपने खाते में कमीशन प्राप्त कर सकते हैं जब ग्राहक अपने कोड का उपयोग करके चेक आउट करते हैं। यह वर्डप्रेस में AffiliateWP प्लगइन के माध्यम से आसानी से नीचे है (सुंदर लिंक और आसानी से Affiliate भी काम करता है)। कुछ व्यवसाय, विशेष रूप से डिजिटल जानकारी उत्पादों वाले, clickbank.com पर लिस्टिंग से लाभ उठा सकते हैं, जो व्यवसायों और संबद्ध विपणक के लिए एक बाजार है।

इन कंपनियों पर ध्यान दें, जो बेहद लाभदायक सहबद्ध कार्यक्रम बनाए हैं:

xxxix

संक्षेप में, Affiliate Marketing और Influencer Marketing दोनों सभी प्रकार के व्यवसायों के लिए मूल्यवान डिजिटल रणनीतियाँ हैं। प्रत्येक अन्य लोगों की शक्ति का लाभ उठाता है - चाहे प्रसिद्ध प्रभावशाली या कॉलेज के छात्र आपस में लिंक साझा करते हैं - आपके लिए अपना व्यवसाय बढ़ाने के लिए।

रणनीति पर लौटें

मैं डिजिटल और सामाजिक विज्ञापन में मैट्रिक्स और डेटा-संचालित दृष्टिकोण को शामिल करने का अंतिम समय प्रदान करूंगा।

पिछले आठ अध्याय के दौरान, हमने डिजिटल व्यापार की दुनिया के लिए अनिवार्य विभिन्न प्रकार के उपकरणों की जांच की है- सामाजिक रणनीति, सामाजिक उपस्थिति, सामग्री निर्माण, पीपीसी विज्ञापन, प्रभावशाली विपणन, और इसी तरह। अनुकूलन की ओर एक आम धागा है: कोई फ़नल, विज्ञापन अभियान, न ही सामग्री पाइपलाइन पहले दिन से अपनी पूरी क्षमता तक प्रदर्शन नहीं करेगी, और छोटे व्यवसाय के लिए ऑनलाइन सफलता काफी हद तक उस डिग्री का प्रतिबिंब है जिसमें डेटा को मापा जाता है, विश्लेषण किया जाता है और आगे की गतिविधि की दिशा में एक इंजन के रूप में उपयोग किया जाता है। इस सिद्धांत को अपने डिजिटल ओपेरा के केंद्र में रखेंआगे बढ़ रहे हैं।

उसी नियम से, डेटा को निर्णयों को नियंत्रित करने दें, न कि इस पुस्तक को। हमने सामाजिक और डिजिटल स्थानों में प्रवेश करने के इच्छुक व्यवसायों के लिए एक व्यापक ढांचा प्रदान करने के लिए अपनी पूरी कोशिश

की है। इसका मतलब यह नहीं है कि सभी व्यवसाय किसी दिए गए डिजिटल रणनीति या उपकरण से समान सीमा तक लाभ उठा सकते हैं। इसके बजाय, प्रत्येक व्यवसाय अद्वितीय है, और यहां प्रस्तुत सलाह को एक अंतर्निहित प्रक्रिया, पद्धति और ज्ञान के आधार के रूप में देखा जाता है जिससे संचालित किया जा सकता है।

पुस्तक केवल वहीं समाप्त हो सकती है जहां यह शुरू हुई थी: ऑनलाइन इंटरैक्शन द्वारा तेजी से परिभाषित दुनिया के परिचय पर, और एक कारोबारी माहौल जो बड़े पैमाने पर वैश्वीकृत और डिजिटलीकृत प्रणाली की ओर इतिहास में संभवतः सबसे बड़ा बदलाव बना रहा है।

इस भविष्य को डरावना होने की ज़रूरत नहीं है- अब आप इसे गले लगाने और अपने संदेश, उत्पादों और सेवाओं को आगे बढ़ाने के लिए इसका उपयोग करने के लिए उपकरणों से लैस हैं।

जैसा कि अध्याय दो में कहा गया है, यह पुस्तक पहली बार 2022 में प्रकाशित हो रही है। तेजी से बदलते क्षेत्रों और अवसरों को प्रतिबिंबित करने के लिए हर साल एक नया संस्करण जारी किया जाएगा। यह वास्तविक पाठकों द्वारा दी गई प्रतिक्रिया के अनुसार भी विकसित होगा। हमें अपने अनुभवों का उपहार देने के लिए, या प्रश्न पूछने के लिए, team@smmfsb.com पर पहुंचें।

परिशिष्ट

आपको आगे क्या पढ़ना चाहिए?

आप इस पुस्तक को पढ़ने के लिए धन्यवाद! यदि आप संबंधित पठन की तलाश कर रहे हैं और स्वतंत्र प्रकाशन का समर्थन करना चाहते हैं, तो हमारे दो लोकप्रिय कार्यों को देखें, किशोरों *और बिटकॉइन के लिए स्टॉक मार्केट निवेश के लिए आधुनिक गाइड।*

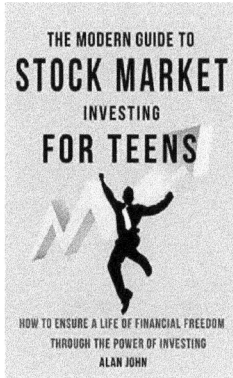

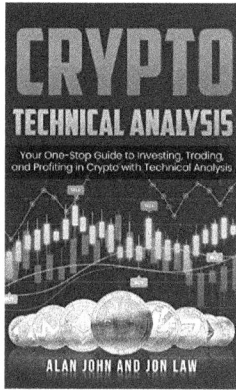

CRYPTO
TECHNICAL ANALYSIS

Your One-Stop Guide to Investing, Trading, and Profiting in Crypto with Technical Analysis

ALAN JOHN AND JON LAW

अभिस्वीकृति

F2021 में लेखन के एक आक्रामक वर्ष को दो पुस्तकों के प्रकाशन से चिह्नित करते हुए, मैं स्वीकार करूंगा कि ये पिछले महीने कम सजे-धजे रहे हैं। खुद को काठी में वापस लाना कोई आसान काम नहीं था, हालांकि निश्चित रूप से एक पुरस्कृत। इसका श्रेय मेरी अद्भुत टीम और मेरे आस-पास के लोगों को जाता है - विल वॅरेन के साथ शुरू करके इस पुस्तक को बनाने वाले बीज को बोने के लिए और औडे में प्रकाशन टीम के साथ समाप्त होता है।

उचित स्वीकृति बहुत पहले शुरू होनी चाहिए। यह पुस्तक और इसके भीतर का ज्ञान कई उपर्युक्त क्षेत्रों में जंगली उद्यमशीलता उद्यमों का संकलन है। उन वर्षों के उपहार के लिए, मैंने जेरेमी वॉन, उमर रेज़ेक, माइकल थॉम्पसन, श्रीकर कुकिभाटला, शेरोन खा, बेन वांज़ो, जॉन कॉर्कोरन, काई लू, जैक जैकब्स, महमूद और कई अन्य लोगों को अपना गहरा धन्यवाद दिया, जिनके साथ मुझे काम करने का आनंद मिला है।

इस पाठ में मूल्यवान योगदान के लिए ब्लेक मार्टिन, सेनिया सुग्लोबोवा और मैनी डियाज़ के साथ-साथ डीन लियांग, जेनेसिस गुयेन और जैक ज़िमर्मन को हाल के कार्यों में योगदान के लिए धन्यवाद।

मेरी कृतज्ञता एलिसा कैलहन और पैचेन होमित्ज़ के लिए जाती है-आखिरकार, सीखने की एक सीट के अलावा क्या भुगतान करता है। एक समान नोट पर, गिल, हबीब, कॉनर, जॉयस, जस्टिन, मैल्कम, मालिया और, हाँ, स्टाररोयो के सभी को श्रद्धांजलि लंबे समय से प्रतीक्षित है। भविष्य के लिए सभी को मेरी शुभकामनाएं।

अंत में, प्रिय पाठक, आपके समय और विचार के लिए धन्यवाद। सभी किताबें अपने पाठकों के लिए हैं- मुझे उम्मीद है कि इस पाठ ने आपके साथ न्याय किया है।

संसाधन

पूरी पुस्तक में उल्लिखित सेवाओं।

सामाजिक उपस्थिति

Google.com/business

facebook.com/pages/creation

trends.pinterest.com

search.google.com/search-console

trends.pinterest.com

ढीला

आसन

Trello

Zapier

Hootsuite

बाद में

अनुवात

CoSchedule

Iconosquare

BuzzSumo

Scoop.it

चर्चा

मिलिए एडगर से

सामाजिक पायलट

फेसबुक पेज प्रबंधक

Zoho Social

PromoRepublic

ऑडियंस कनेक्ट

नेपोलियन बिल्ली

Fiverr

अपवर्क

Designhill

टॉपल

रीड्सी

99designs

कोड करने योग्य

Gun.io

PeoplePerHour

Skyword

Canva

फ़ोटोशॉप

Photopea

Mailchimp

निरंतर संपर्क

टपकना

Hubspot

Sendinblue

SEMrush

SpyFu

जनता को जवाब दें

ClickCease

डैशवर्ड:

SEMrush

SpyFu

जनता को जवाब दें

ClickCease

Dashword

विज्ञापन

business.pinterest.com

studio.youtube.com

ads.google.com

business.facebook.com

facebook.com/adsmanager/manage/campaigns

business.nextdoor.com

getstarted.tiktok.com

advertising.amazon.com

क्लिकबैंक.

डोमेन, वेबसाइट, और होस्टिंग

godaddy.com

godaddy.com/en-in/hosting/WordPress-hosting

bluehost.com/WordPress

Squarespace

Weebly

Wix

अनुक्रमणिका

और

विशेषकर।

|||||

दृश्यों

---

[i] *गूगल बिजनेस प्रोफाइल, मॉर्टन।*

[ii] *गूगल बिजनेस प्रोफाइल, ग्राउंड वाटरफ्रंट डाइनिंग को साबित करना।*

[iii] *इंस्टाग्राम: बी एंड एन सप्लीमेंट्स, लकी के बाजार।*

[iv] *इंस्टाग्राम: फिल्ज़ कॉफी, एगेनसीफ्लो।*

[v] *इंस्टाग्राम: बे क्लब, शहरी उपाय।*

[vi] *लिंक्डइन: निर्माता शराब*

[vii] *लिंक्डइन: बिचिन सॉस*

[viii] *Pinterest: Boohoo*

[ix] *Pinterest: jewelry1000.com*

[x] *Pinterest: अल्ट्रा ब्यूटी*

[xi] *YouTube: Mint.com*

[xii] *YouTube: रेंस*

[xiii] *YouTube: मॉन्स्टरइनसाइट्स*

[xiv] *Tiktok: Bitchin's Sauce, TomoCredit, Yahoo फाइनेंस*

[xv] *ट्विटर: सैम पार*

[xvi] *ट्विटर: शान पुरी*

[xvii] *Wordpress.org*

[xviii] *GoDaddy.com*

[xix] *Coinbase.com*

[xx] *Hubspot.com*

[xxi] *फेसबुक: TomoCredit*

[xxii] *YouTube: NerdWallet*

[xxiii] *YouTube: Manscaped*

[xxiv] *YouTube: नया सेवानिवृत्ति*

[xxv] *सभी YouTube [Analytics]: Ksenia Suglobova*

[xxvi] *यूट्यूब: एलेक्स होरमोजी, बियाहेजा, जॉर्डन बी पीटरसन, मिस्टर बीस्ट, निक बेयर, लॉस्ट लेब्लैंक, मैरी फोरलियो, मैग्नस मिडबो, वैल्यूटेनमेंट।*

[xxvii] *यूट्यूब: जॉर्डन वेल्च*

[xxviii] *YouTube: बियर्डब्रांड*

[xxix] *लिंक्डइन: आर्केड*

[xxx] *लिंक्डइन: फाउंडेशन मारेकटिंग।*

[xxxi] *इंस्टाग्राम: टोमोक्रेडिट, मोसडोटकॉम, द इकोनॉमिस्ट*

[xxxii] *इंस्टाग्राम: पेंगुइन प्रकाशन, पोर्टनम और मेसन, डेविड युर्मन*

[xxxiii] *Peerspace app*

[xxxiv] *makerwine.com और shop.tesla.com*

xxxv फोर्ब्स और बियर्डब्रांड

xxxvi Google.com

xxxvii अगला दरवाजा: पुनर्निर्मित नवीकरण, थंबैक

xxxviii इंस्टाग्राम: जिमशार्क, जमाल) बी 15, डेविड लेड

xxxix ट्रेडिंगव्यू, रॉबिनहुड, Binance.us

जॉन लॉ के स्वामित्व वाले सभी गैर-क्रेडिट सामाजिक विश्लेषण और विज्ञापन दृश्य